Pour Joël,
à la découverte d'un héros
anonyme de la grande guerre

Amitiés,

Un postier dans la Grande Guerre

Augustin-Alphonse MARTY (1962-1940), réformateur de la Poste militaire

Avec la collaboration de Muriel LE ROUX

P.I.E. Peter Lang

Bruxelles · Bern · Berlin · Frankfurt am Main · New York · Oxford · Wien

**Histoire de la Poste et des communications
Échanges et territoires**

Collection représentée par Muriel LE ROUX,
IHMC – CNRS – ENS – Université Paris 1, France
Assistant éditorial : Sébastien RICHEZ, CHP, France

Comité éditorial
Reynald ABAD, Université Paris-Sorbonne, France
Anne-Claude AMBROISE RENDU, Université de Limoges, France
Kenneth BERTRAM, Université Libre de Bruxelles, Belgique
Eugénie BRIOT, Université Paris-Est Créteil, France
Anne BURNEL, Direction des archives du groupe La Poste, France
François CADILHON, Université Bordeaux 3, France
Jean-Luc CHAPPEY, IHMC – CNRS – ENS – Université Paris 1, France
Matthieu FLONNEAU, Université Paris 1, France
Patrick FRIDENSON, EHESS, France
Andrea GIUNTINI, Université de Modène, Italie
Eric GODELIER, École Polytechnique, France
Pascal GRISET, Université Paris-Sorbonne – ISCC – CNRS, France
Muriel LE ROUX, IHMC – CNRS – ENS – Université Paris 1, France
Michel MARGAIRAZ, Université Paris 1, France
Michèle MERGER, IHMC – CNRS – ENS, France
Valérie SCHAFER, ISCC – CNRS, France
Laurent TISSOT, Université de Neuchâtel, Suisse
Nicolas VERDIER, Géographie-cités – CNRS, Paris, France

Comité pour l'Histoire de La Poste
www.laposte.fr/chp
Territoires - Communications - Sociétés

Comité pour l'histoire de La Poste
9 rue du colonel Pierre Avia
CP A 503
F-75757 Paris Cedex 15
www.laposte.fr/chp
josiane.foynat@laposte.fr

Sébastien RICHEZ

Avec la collaboration de Muriel Le Roux

Un postier dans la Grande Guerre

Augustin-Alphonse Marty (1962-1940), réformateur de la Poste militaire

Histoire de la Poste et des communications
Échanges et territoires
n° 9

Remerciements à la famille Marty, qui a permis que ce travail prenne corps et aboutisse.

Soutien financier du Groupe La Poste.

Label de la mission du Centenaire.

Cette publication a fait l'objet d'une évaluation par les pairs.

Toute représentation ou reproduction intégrale ou partielle faite par quelque procédé que ce soit, sans le consentement de l'éditeur ou de ses ayants droit, est illicite. Tous droits réservés.

© P.I.E. PETER LANG S.A.
Éditions scientifiques internationales
Bruxelles, 2017
1 avenue Maurice, B-1050 Bruxelles, Belgique
www.peterlang.com ; brussels@peterlang.com

Imprimé en Allemagne

ISSN 2295-2950
ISBN 978-2-8076-0512-1
ePDF 978-2-8076-0513-8
ePub 978-2-8076-0514-5
Mobi 978-2-8076-0515-2
DOI 10.3726/b12118
D/2017/5678/81

Information bibliographique publiée par « Die Deutsche Bibliothek »

« Die Deutsche Bibliothek » répertorie cette publication dans la « Deutsche National-bibliografie » ; les données bibliographiques détaillées sont disponibles sur le site <http://dnb.ddb.de>.

Table des matières

Table des abréviations 11
Remerciements 13
Préface 15
Prologue. La découverte du plus célèbre des postiers ? 19
    Une méthode pour découvrir un homme essentiel 22
        Marty, pleinement dans son temps 27
    Dans le cercle des célébrités postales 31

Chapitre I. L'énigme Marty 37
    I.   Un homme vraiment oublié ? 37
    II. Un flou historiographique 40
    III. Marty, comment te prénommes-tu ? 42

Chapitre II. Une ascension méritocratique 45
    I.   D'une modeste extraction sociale 45
    II. L'accès à une brillante carrière administrative 49
        Par la voie normale du surnumérariat 49
        L'ENSPTT comme accélératrice de réussite 50
        L'expérience de la Poste… et de l'amour 52

Chapitre III. Le temps de l'accomplissement professionnel 55
    I.   À l'inspection générale, parmi l'élite des postiers 55
    II. Marty, ce « super agent » des PTT 56
        Le technicien des réformes 57
        Le représentant du ministre sur le terrain 58

Chapitre IV. Le sauveur du système postal d'une France en guerre ... 61
    I.   Le fonctionnaire plénipotentiaire 61
        L'ascension d'un homme inattendu 61
        Le nouveau patron d'une organisation remodelée 62
        Les deux textes qui ont changé la face postale de la guerre 65
            Le rapport au président de la République française 65
            Le décret du 18 novembre 1914 66

Marty, l'homme providentiel ?	67
II. Le tableau postal d'une France paralysée	70
Un ébranlement aussi soudain qu'inévitable	70
La menace d'une faillite morale	72
Des premiers changements effectifs avant Marty	75
III. Le réformateur rapide et averti	78
Davantage de postiers aux côtés des militaires	78
Un autre postier civil à la tête d'une structure postale repensée	83
Marty, « père » des secteurs postaux	87

Chapitre V. Une mission au long cours 93
I. Marty bien secondé	93
Alfred Lacroix pour tenir la barre du BCMP…	93
… surmonter des monceaux de courrier	95
… et veiller à l'état opérationnel du lieu	98
Deux experts aux manettes	101
II. Marty bien affairé	104
Le lien avec la sphère politique	104
Le ténor de l'inspection générale technique de la Poste aux armées	108
Le professeur « ès secteur postal »	113
L'instructeur de la réforme des colis postaux	115
III. Au chevet des Postes	118
Satisfecit et concessions	119
Les Français, hypocondriaques postaux ?	120

Chapitre VI. L'homme dévoilé par sa correspondance 127
I. Son neveu, Paul, comme destinataire	127
II. Le dévoilement de l'intimité de Marty	129
III. Une relation quasi filiale	132

Chapitre VI. Un ultime engagement au service de la nation 135
I. Au commissariat général de la République	135
Une institution d'exception	135
L'homme de la situation	137
Un quotidien dédié à la reprise en main administrative	139
II. Vers le nouveau statut des postiers alsaciens-lorrains	142
Les réflexions préparatoires de l'expert	142

  Marty face à la possible surenchère régionale **144**
 III. Le négociateur dans la lumière **146**
  La commission instamment guettée **146**
  Un programme chargé dans un calendrier resserré **147**
  Marty et le nouveau statut contestés **149**

Chapitre VIII. Une carrière couronnée **153**
 I. Une kyrielle de décorations **153**
  Dans l'élite administrative et républicaine **153**
  Honoré pour sa contribution à la guerre **155**
  Une mise en retraite contentieuse **156**
 II. Des mémoires professionnels en guise d'héritage **157**
  Manuel de réforme postale, par Marty **157**
  Mandats-poste et colis comme services postaux d'avenir ... **160**
 III. La vision d'un avenir postal porté par l'automobile **161**
  Parmi les enseignements postaux tirés du conflit **161**
  Repenser la Poste dans les campagnes **165**

Épilogue. Marty, d'une guerre mondiale au-delà d'une autre **167**

A propos du timbre-poste Augustin-Alphonse Marty (1862-1940) ... **171**

Bibliographie **173**

Sources **179**

Table des abréviations

AL : Alsace-Lorraine
Arch. dép. : archives départementales
Arch. nat. : archives nationales
BCMP : bureau central militaire postal
BCMCP : bureau central militaire des colis postaux
BDIC : bibliothèque de documentation internationale et contemporaine
BHPT : bibliothèque historique des Postes et Télécommunications
CAC : centre des archives contemporaines
CAPM : centre des archives du personnel militaire
CCP : centre de chèques postaux
CHP : comité pour l'histoire de La Poste
CNAM : conservatoire national des arts et métiers
EM : état-major
ENSPTT : école nationale supérieure des Postes, Télégraphes, Téléphones
GQG : grand quartier général
IGTPM : inspection générale technique de la Poste militaire
P&T : Postes et Télégraphes
PTT : Postes, Télégraphes, Téléphones
RA : régiment d'artillerie
RI : régiment d'infanterie
RP : recette principale
SHAT : service historique de l'Armée de Terre
SHD : service historique de la Défense
SHPTA : société d'histoire des Postes et Télécommunications en Alsace
SPCA : service postal des convois automobiles

Remerciements

Exhumer Marty de l'oubli dans lequel il se trouvait a été rendu possible grâce à un concours de circonstances favorables et à l'adjonction de contributions professionnelles à divers échelons.

C'est à l'occasion de l'engagement du Groupe La Poste comme « grand partenaire » auprès de la Mission du Centenaire de la Première Guerre mondiale, dès le début de l'année 2014, que l'opportunité a été donnée d'approfondir les recherches sur les Postes, civile et militaire, durant cette période. Il convient donc de savoir gré au président-directeur général du Groupe La Poste, Philippe Wahl, non seulement d'avoir cru à l'utilité de ce travail de recherche, mais surtout de l'avoir encouragé. De même, il faut saluer l'ensemble des postiers membres du comité de suivi des actions du Groupe La Poste dans le cadre des commémorations 2014-2018, pour leur accompagnement et leur curiosité motivante à l'égard d'un sujet qui s'annonçait si incertain à ses débuts.

Écrire une biographie sans le croisement de sources imprimées et manuscrites de toutes natures relève de l'impossible. Pour les identifier et en permettre l'accès, de nombreux collègues postiers se sont mobilisés et sont à remercier ; à la direction des Archives du Groupe sous la responsabilité d'Anne Burnel, les collaboratrices de Sophie Bruneton que sont Nadège Stiver et Christine Mongeot ; s'est adjointe Charlotte Leblanc, ancienne responsable de la recherche pour le fonds PTT aux Archives nationales à Pierrefitte ; à la bibliothèque historique des Postes et Télécommunication (BHPT), dont les personnels ont minutieusement cherché trace de Marty ; au musée de La Poste, sa directrice, Mauricette Feuillas, ainsi que ses collaborateurs Christine Suc-Rouxel, Chantal Reynaud, Philippe Sartout et Pascal Roman ; à feue la société d'histoire des Postes et Télécommunications en Alsace et son ancienne documentaliste, Maryline Simler, pour la veille et la curiosité sans faille dont elle a fait preuve pour permettre de lever, la toute première, le mystère majeur sur le personnage, à savoir son prénom ; au sein du Siège du Groupe, Frédéric Beaumont, ancien porte-parole de l'Armée, et au sein de celle-ci, le colonel Jérôme Pieuchot-Ravisy, ont facilité les échanges avec le centre des archives du personnel militaire à Pau, celui-ci contribuant à éclairer l'aura militaire de Marty ; enfin et surtout au comité pour l'histoire de La Poste où cette recherche a été hébergée, avec les encouragements stimulants de Muriel Le Roux et Josiane Foynat, qui ont également contribué à l'accomplissement de ce livre par leurs relectures pointilleuses.

La ténacité de l'historien est parfois récompensée par des hasards bienvenus, totalement indépendants de la méthode traditionnelle. Une dédicace particulière est à faire ici à ma cousine, Laëtitia Richez, férue de généalogie, qui m'a permis d'accéder au site idoine, www.geneanet.org. Les relations de cousinage de la famille Richez ont donc permis de retrouver des descendants de Marty grâce à un heureux hasard.

L'accès à ce centre de ressources sur le web a été décisif, puisqu'il a permis de remonter jusqu'à Michel Roussel qui a été le contact décisif pour contacter la descendance en ligne indirecte de Marty. Passionné de généalogie, il avait déjà reconstitué une grande partie de l'arbre familial de son épouse, malheureusement décédée en octobre 2016 : Janine Roussel, née Marty, petite-fille d'Augustin-Célestin, lui-même frère cadet de Marty, en conséquence petite-nièce de ce dernier. De fil en aiguille, la recherche révélant d'autres pistes fructueuses, est apparu M. Daniel Marty, petit-fils de Ladislas Marty, lui-même frère de Marty père et oncle de notre Marty, en conséquence petit-neveu de notre postier. Enfin, Marie-Claire Boyeau, née Marty, a accepté de dévoiler vingt-trois correspondances entretenues par son père, Paul Marty, lui-même neveu de Marty. Grâce à chaque contribution des membres de cette famille, il a été successivement possible de rétablir son état civil officiel, de mettre un visage sur le postier oublié, de découvrir son environnement familial, de donner enfin un supplément d'âme à la simple stature de fonctionnaire.

Il était écrit que cette recherche allait réserver son lot de surprises. À force de persévérance, un autre membre de la famille, Anne-Bénédicte Blanc-Marty, nièce de Daniel Marty et donc petite-nièce de notre Marty, a triomphé d'une longue quête familiale. Sa curiosité ayant été attisée par la découverte de Marty, elle est parvenue à retrouver son arrière-petit-fils en ligne directe : né de son seul fils, prénommé Georges, lui-même ayant eu deux filles, Monique et Danièle, cette dernière étant la mère de ce descendant. L'identité de cet « héritier moral » se révèle être Frédéric Marty. Né le 3 décembre 1967, marié, résidant en Loire-Atlantique, il a été informé de cette recherche biographique.

Ces ultimes et heureuses rencontres ont ainsi permis de boucler la boucle et de confirmer les pistes de recherche demeurées inconnues, sinon incertaines, depuis près d'un demi-siècle. Ainsi, Marty peut sortir de l'ombre, La Poste lui consacrant enfin un timbre en 2017, comme un juste retour des choses.

Préface

Il est toujours émouvant de sortir de l'ombre la figure d'un homme. Plus encore lorsqu'il a fait de grandes choses que tout le monde a oubliées.

Lorsqu'on étudie la guerre de 1914-1918, cette expérience devient presque banale, car ce conflit fut essentiellement une guerre d'anonymes, où les personnalités furent absorbées voire comme écrasées par la grande machine militaire.

Ce n'est d'ailleurs pas un hasard si les « tombes du soldat inconnu » sont apparues après 1918 dans la plupart des pays belligérants. Et pourtant, cette guerre fut bien menée par des hommes faits de chair et d'os, qui avaient tous un nom.

Tout le mérite du comité pour l'histoire de La Poste et de Sébastien Richez, postier et historien, est justement de nous faire connaître la figure de l'un de ces innombrables oubliés, en l'occurrence Augustin-Alphonse Marty, lui aussi postier, dont on avait perdu la mémoire.

C'est en effet à ce fils de facteur rural, né en 1862, devenu inspecteur général des PTT, que nous devons la réforme de la Poste aux Armées, en novembre 1914, qui, par une meilleure collaboration entre la Poste civile et la Poste militaire, permit l'acheminement efficace et régulier du courrier entre l'arrière et le front.

Pour comprendre l'importance de cette réforme, il faut bien se représenter qu'à la fin de l'été 1914, le système postal militaire français était au bord de la thrombose. En 1870, les soldats n'écrivaient guère ; mais en 1914 – effet de l'Instruction publique – les volumes de correspondance en provenance et en direction du front étaient énormes. Ralentis par la complexité des acheminements jusqu'aux bataillons, les flux dépassaient totalement les capacités de la Poste militaire. Le courrier aux poilus mettait deux, voire plusieurs semaines pour leur parvenir des familles. Entretemps, les destinataires étaient parfois tombés au combat…

Ces difficultés devinrent vite un enjeu national qui remonta jusqu'au président de la République, Raymond Poincaré, et suscita des débats à la Chambre des députés.

C'est ici qu'entre en scène Marty, alors inspecteur général des PTT. Je laisse les lecteurs découvrir, sous la plume de Sébastien Richez, comment ce postier sauva la Poste militaire en proposant des réformes radicales, dont celle des secteurs postaux qui perdure encore aujourd'hui.

Non seulement cette réorganisation de grande ampleur fut menée à bien en un temps record – ce qui doit nous rendre modestes – mais elle se révéla parfaitement efficace !

C'est ainsi qu'un postier, et je reprends ici les termes de sa citation à l'ordre de l'armée, « organisateur de premier ordre, contribua pour une large part à soutenir le moral des troupes pendant plus de quatre ans de guerre ». Car le courrier et les colis furent pendant ces années terribles la « ligne de vie » entre les soldats et leur famille, le seul fil d'espoir pour des millions d'hommes.

Je suis très heureux que le Groupe La Poste, dans le cadre de sa participation aux commémorations du centenaire de la Grande Guerre, ait soutenu l'édition de cet ouvrage. Que son auteur, ainsi que le comité pour l'histoire de La Poste, soient remerciés de leur travail ; ils nous permettent d'accomplir un acte de justice et de gratitude à l'égard d'un grand postier.

Philippe WAHL
Président-directeur général du Groupe La Poste

À la mémoire de Janine Roussel, née Marty

Prologue

La découverte du plus célèbre des postiers ?

> Il faut que nous arrivions à faire parvenir rapidement et sûrement à ceux qui sont sur le front, qui luttent et qui souffrent pour nous, les lettres si impatiemment attendues de leurs vieux parents, de leurs femmes, de leurs enfants, de leurs fiancées, de tous ceux, en un mot, qui leur sont chers, lettres qui sont pour eux le meilleur réconfort moral.
> Je vous demande, mes chers amis, d'apporter toute votre activité, toutes vos forces, toute votre âme à cette mission qui, pour nous autres postiers, constitue notre façon de contribuer au but sacré vers lequel sont tendus l'esprit et le cœur de tous les Français.
>
> > Alfred Lacroix, directeur du bureau central militaire postal de Paris, décembre 1914

> De même que le pain n'est bien fabriqué que par les boulangers, le service postal ne peut être bien assuré que par les postiers.
>
> > Journal *Le Petit Parisien*, 3 mai 1915

La Poste, au sein des Postes, Télégraphes et Téléphones (PTT), constitue une grande institution au XXe siècle, imprégnée d'une aura qui nourrit une relation passionnelle parfois irraisonnée avec la population. Au fil des décennies et de la construction contemporaine d'une société nationale démocratique, via le monopole portant sur la collecte, le tri et la distribution du courrier, la Poste a surtout fondé une légitimité citoyenne incontournable à partir d'un principe unique : l'intermédiation mettant les Français en relation. À cet égard, les deux citations placées en exergue de l'introduction sont évocatrices de cet état, à un moment où la société française tout entière est exposée aux affres de la guerre. L'on comprend parfaitement que les postiers doivent mettre leur savoir-faire en œuvre pour que le courrier parvienne coûte que coûte pour le bien de la nation.

Ce postulat, tel une quasi-devise, nourrissant un sentiment très prononcé de noblesse de la tâche, a forcément été partagé par des centaines de milliers de femmes et d'hommes qui se sont succédé dans les rangs de l'administration des Postes lors des deux derniers siècles de notre histoire. À travers de nombreux métiers, au sein de différents grades et fonctions, parfois au travers d'impressionnantes lignées de postiers, il n'est pas rare de retrouver, dans leurs témoignages, des dynasties impressionnantes transmises de parents à enfants, reliées de fratries à cousinages. Cet atavisme postal singulier est tout à fait comparable à celui existant par exemple chez les mineurs ou les cheminots dont le fort esprit de corps est également connu. Cependant, les fonctionnaires des Postes, Télégraphes et Téléphones (PTT)[1] au travail ou sous les drapeaux, n'ont pas laissé une empreinte historiographique aussi évidente que les ouvriers, les instituteurs voire les écrivains dans la Grande Guerre. Et pourtant, c'est bien par leur engagement quotidien, à quelque échelle que ce soit, qu'a pu être évitée une faillite morale de la nation.

Dès l'entrée en guerre, 43 000 agents, sous-agents et ouvriers parmi les 115 000 « postiers »[2], sont mobilisables, par leur âge, pour concourir à la défense nationale[3]. Dans ce petit tiers théorique, 25 000 hommes font partie de la première vague de mobilisation de l'été 1914, dont 5 acteurs appelés sous les drapeaux[4].

Au fil du temps, la mobilisation progressive de toutes les classes du personnel, appartenant à l'armée active et aux trois premières classes de l'armée territoriale, a affecté au front l'équivalent croissant de la force de travail masculine totale. Fin 1916, ils sont 30 000. Un an plus tard, les chiffres donnent 34 368 unités retenues, réparties entre au moins 11 586 agents, 17 400 sous-agents et 5 382 ouvriers[5]. Les uns sont présents dans les formations spéciales de la télégraphie militaire de 2ᵉ ligne, d'autres au sein de la Trésorerie et des Postes aux armées, le plus grand nombre dans les diverses armes combattantes.

À tous ceux-là, il faudrait encore ajouter ceux de la Poste civile, qu'ils aient été hommes ou femmes, venus à la rescousse des postiers-militaires : on les cerne mal, entre 2 000 et 4 000 fonctionnaires civils, aucun chiffre ne donnant un état précis de leur contribution.

Tant et si bien qu'au total, on finit certainement par atteindre un quart des 87 000 fonctionnaires de la branche des Postes enregistrés en 1914, qui ont pu être concernés par la mobilisation combattante ou technique.

---

[1] « Postes et Télégraphes » », ou encore « Postes, Télégraphes et Téléphones » », sont les désignations mouvantes du ministère à l'époque.

[2] Selon l'appellation collective et globale qui sert à désigner l'ensemble des agents relevant du ministère de tutelle.

[3] « Le personnel des PTT et la guerre », *Annales des PTT*, 1916, p. 95-96.

[4] Clémentel, É., *Rapport au président du Conseil sur la réorganisation du service des Postes, des Télégraphes et des Téléphones*, Paris, Imprimerie nationale, 1917, p. 24.

[5] Id., *Rapport présenté par Monsieur le ministre du Commerce, de l'Industrie, des Postes et des Télégraphes à M. le président du Conseil sur les mesures de réorganisation réalisées et préparées dans le service des Postes, des Télégraphes et des Téléphones : exercice 1918*, Paris, Imprimerie nationale, 1919.

Le bilan des pertes humaines n'est pas anodin. Fin 1916, les PTT avaient déjà enregistré 1 647 victimes réparties entre 265 agents, 1 079 sous-agents et 303 commis, tués depuis le début des hostilités[6]. À la fin des combats, on dénombre 3 700 postiers requis comme combattants qui ont laissé la vie au front, dont plus de 1 500 facteurs[7].

En revanche, aucune recherche ne s'est attachée au chiffre des postiers tombés pendant leur service effectué proche de la ligne de front. À propos de la mobilisation des bras restants disponibles, le pragmatisme a été à l'œuvre. Quelques milliers de femmes, dont près de 3 500 veuves de guerre à partir de janvier 1915[8] et plusieurs centaines affectées en tant que factrices urbaines, ont rejoint les rangs pour pallier en partie l'absence des hommes en âge de combattre. Quelques centaines de facteurs retraités ont été rappelés pour reprendre momentanément du service et assurer tant bien que mal la continuité de la distribution.

Ces anonymes ont donné leur force et leur énergie, à un degré élevé de leur travail, voire jusqu'à leur vie, pour permettre à l'administration de soutenir et d'accompagner la mobilisation de la nation d'un point de vue postal. Comme d'autres corps de métiers, les postiers prennent leur part de reconnaissance que la nation leur témoigne. En juin 1916, l'administration des PTT a déjà enregistré pour son personnel, au titre des événements de guerre, 40 promotions dans l'ordre de la Légion d'honneur, 90 déclarations pour la médaille militaire, 654 citations diverses à l'ordre des armées et 16 citations civiles au *Journal officiel*[9].

Comme un hommage collectif, c'est à l'un de ces postiers de l'ombre, à ces travailleurs de terrain, que le présent récit s'intéresse : un postier appartenant aux instances supérieures, un inspecteur général des PTT identifié comme « A. Marty ». Ni combattant ni agent aux mains noircies par la poussière des plis ou au dos brisé par le poids des dépêches, Marty était un col blanc, pouvant apparaître comme héritier des « ronds-de-cuir » moqués par Courteline à la toute fin du XIXe siècle[10], qui a appris à connaître le terrain. Un postier qui n'a vraisemblablement jamais tiré la couverture à lui, cela aurait eu pour effet de masquer le niveau d'engagement total de ses congénères. C'est même le contraire qui s'est

---

[6] « Le personnel des PTT et la guerre », *Annales des PTT*, 1916, p. 96.

[7] Voir les 61 listes constituant le livre d'or de l'administration des PTT, dans *Bulletin mensuel des Postes*, à partir de novembre 1914.

[8] Bette, P., *Veuves françaises de la Première Guerre mondiale : statuts, itinéraires et combats*, thèse d'histoire, université Lumière-Lyon 2, 2012 (à paraître aux éditions Peter Lang en 2017).

[9] « Le personnel des PTT et la guerre », *Annales des PTT*, 1916, p. 96.

[10] Courteline, G., *Messieurs les ronds-de-cuir. Tableaux-roman de la vie de bureau*, Paris, Flammarion, 1993.

produit, tant Marty est resté oublié, à l'instar des Postes et des postiers longtemps négligés dans la description de ce qu'avait été l'effort de guerre de la nation. Marty n'est donc pas un arbre cachant toute une forêt car il n'a jamais fait preuve de notoriété publique ou d'une reconnaissance historique. Quant à la forêt, il n'y en a jamais vraiment eu tant les Postes ont été méconsidérées dans les esprits, vues comme une organisation fantôme ; à l'inverse on la considéra comme un système allant de soi, de façon à ce que les courriers par milliards circulent entre les Poilus et leur famille.

Mais il faut d'ores et déjà battre en brèche cette idée convenue. Rien ne s'est fait dans la facilité au cours du second semestre de 1914. La Poste suffoque et coince, elle demeure en surchauffe constante ; les dépêches stationnent ; les plis s'égarent ou reviennent à l'expéditeur faute de destinataire à l'extrémité de la chaîne d'acheminement ; les postiers s'éreintent au travail ; les systèmes postaux civil et militaire ont un urgent besoin d'huile dans les rouages.

Un homme, Marty, endosse le costume de la cheville ouvrière. Par étapes, il va constater, stigmatiser, proposer puis réformer afin de modérer les aléas et les soubresauts d'une organisation dépassée. Celle-ci a pris la guerre franco-prussienne de 1870 comme socle de base pour son fonctionnement : guerre de sièges, mouvements de troupes restreints, société peu alphabétisée, soldats isolés, pays morcelé par l'envahissement.

Une méthode pour découvrir un homme essentiel

Marty est le réformateur de l'organisation de la Poste aux armées à l'automne 1914 et le créateur des secteurs postaux militaires, dont le principe a encore cours de nos jours. Mieux, Marty est tout à la fois un haut fonctionnaire dévoué à la bonne marche de l'État, un visionnaire et un penseur des organisations. « Chaque biographie est une histoire universelle[11] », a écrit jadis le philosophe Bernard Groethuysen. La trajectoire et l'œuvre de Marty ne dérogent pas à ce dessein. La trace de l'homme reprend de la profondeur dès le 3 septembre 1939, lorsque la France déclare la guerre à l'Allemagne et que, pour la seconde fois au XXe siècle, la Poste militaire renaît momentanément de ses cendres. Cette trace court même encore jusqu'au XXIe siècle, alors que l'armée française demeure régie par le système pérenne des secteurs postaux inventés en 1914. Il y a là un legs universel qui émane durablement de son action.

---

[11] Groethuysen, B., *Mythes et Portraits, La vie de Goethe*, Paris, Gallimard, 1947.

Prologue. La découverte du plus célèbre des postiers ? 23

Celle-ci prend d'ailleurs place dans un mouvement historique large. Marty s'intercale dans une histoire des moyens de communication ; il est un acteur essentiel d'un processus d'acculturation d'une société à ses moyens ; il s'insère encore dans l'histoire méandreuse d'une institution-socle résiliente et inamovible dans la vie quotidienne des Français.

C'est en cela aussi que l'existence de Marty mérite d'être révélée, emboîtant le pas au romancier et académicien contemporain de Marty, Henry Bordeaux, estimant que « toute biographie digne d'être écrite est le récit d'une ascension[12] ». Celle de Marty en possède les traits caractéristiques. Son extraction sociale, lui le fils d'un petit fonctionnaire qui en deviendra un haut, et ses origines géographiques, lui le natif aveyronnais conquérant Paris, en constituent le double élément de base le plus frappant.

Le parti pris de cette biographie n'est cependant pas de tendre vers l'exhaustivité[13]. Il ne s'est agi à aucun moment de reconstituer l'intégralité de la vie de Marty, à l'instar des modèles majeurs rédigés sur les reines et rois de France, les écrivains ou poètes célèbres, ou encore les grandes figures de l'histoire nationale.

La démarche repose sur l'idée de redonner d'abord corps au postier. Souffrant d'effacement, il a d'abord fallu lui redonner une origine géographique et familiale, une ascendance et une lignée qui permettent de le révéler par la filiation ; son ascension a été reconstituée tout en l'insérant dans le contexte de son époque. Il s'agit de le situer sur l'échiquier professionnel avant même que sa carrière ne prenne un tour nouveau et inattendu dans un autre domaine d'activité. Il s'agit aussi de décrire l'action de Marty pendant ces mois incontournables ; ceux resserrés où il enchaîne une nouvelle affectation et une réforme-éclair ; ceux, plus allongés, où il est chargé de suivre au long cours l'évolution de la Poste militaire.

Pour paraphraser François Dosse établissant les grandes tendances qui structurent une biographie, le « pari » à relever concernant celle-ci n'était pas assuré au départ. Il s'avère que l'histoire de Marty se construit via une biographie héroïque, à la fonction identificatoire ou empreinte d'un modèle moral édifiant, déployant un discours de vertus sur la conviction et la constance, et laissant finalement voir une « manière de vivre ». Marty a finalement fait ce pour quoi il a été formé, traversant une vie familiale et personnelle aussi banale que familière pour l'époque. Tout au plus peut-on mettre en avant sa constance de commis de l'État, tel que celui-ci doit être.

Aussi, cette biographie emprunte en partie à la définition modale. À travers la figure particulière d'un homme, on devine l'idéal type du

---

[12] Henry Bordeaux cité dans Gomez, M., *Ahmed Rafa, le premier général franco-algérien de l'armée française*, Paris, Page à Page, 2007, p. 104.
[13] Dosse, F., *Le pari biographique. Écrire une vie*, Paris, La Découverte, 2005.

haut fonctionnaire incarné, Marty illustrant l'engagement d'autres de ses confrères dans d'autres ministères particulièrement exposés à la guerre. Elle est aussi herméneutique dans le sens où, par Marty, perçu dans la singularité de son parcours, on voit transparaître l'ensemble des PTT mobilisés. Enfin, cette biographie est tout à fait érudite dans le sens où Marty a publié le récit des actions à travers lesquelles il se révèle être un penseur remarquable. Il a ainsi laissé la trace formulée de ses réflexions réformatrices et prospectives.

Ceci n'en fait pas tout à fait un homme ordinaire, seulement tributaire des décisions des puissants qui auraient dicté ou prédestiné ses faits et gestes. Avec Marty, on touche du doigt la complexité des évolutions individuelles. Il dispose de sa propre autonomie dans un contexte politico-militaro-administratif pourtant très encadré. Marty a provoqué toutes ou partie de ses actions marquantes, il les a nourries par ses idées. Les hommes constituant sa hiérarchie lui ont donné le pouvoir de les mettre en œuvre.

Parce que ce travail n'aurait pas résisté aux critiques de Pierre Bourdieu disqualifiant la biographie comme une « illusion biographique[14] », il n'a de sens que parce qu'il ne se veut pas exhaustif, mais parce qu'il s'intègre dans un sujet bien plus vaste qui est la Poste. La trajectoire de Marty dans une institution à l'histoire si longue, aux contributions si importantes à l'histoire de France, constitue comme une réévaluation de la place des muets de l'Histoire : ils sont ceux qui ont laissé des traces moins repérables que d'autres, ou bien dont les traces ont été involontairement minorées.

Et pourtant, on ne retrouve que peu de choses en commun entre le « Pinagot » d'Alain Corbin et le Marty de cette recherche. Le premier travail s'avère d'avantage une monographie sur la Basse-Frêne qu'une biographie car Pinagot a finalement du mal à s'incarner, alors que c'est son environnement qui se reconstitue sous la plume de l'historien ornais[15]. Le second prend partiellement des allures de monographie des Postes pendant la Grande Guerre, mais avec un homme à la baguette ! À la différence de Pinagot, Marty n'est pas le commun des mortels. S'il n'est certes qu'un simple rouage de son temps, il fait quand même partie de l'élite administrative et l'ampleur de son œuvre a profondément marqué la société qu'il traverse.

Dans le cas de Marty, la situation est plus identifiée que dans celle de l'écosystème de Pinagot. Avec Marty, les contextes majeurs sont infiniment bien connus ; les batailles ont été étudiées ; l'histoire politique,

---

[14] Bourdieu, P., « L'illusion biographique », *Actes de la recherche en sciences sociales*, vol. 62, n° 1, 1986, p. 69-72.

[15] Corbin, A., *Le monde retrouvé de Louis-François Pinagot. Sur les traces d'un inconnu, 1798-1876*, Paris, Flammarion, 1998.

économique et industrielle est maîtrisée ; les dimensions de la mobilisation d'une nation n'ont plus vraiment de secret. Dans le sillage de Stéphane Audoin-Rouzeau[16], l'histoire culturelle a même conquis des sphères peu étudiées, comme le monde enfantin et l'univers de la famille, les blessures du corps et de l'âme, les arts, la nourriture ou l'épistolaire. C'est par cette mouvance que l'histoire de la Poste à cette époque a permis de retrouver Marty, et ce principalement dans son environnement. Cette Poste que l'on trouve fréquemment négligée, mal identifiée, induite et allant de soi dans sa dichotomie civile et militaire.

D'ailleurs, ces deux Postes seraient des composantes de cet « autre front[17] », prenant part à ces autres mobilisations, de l'arrière et du pourtour : elles se retrouvent dans les domaines industriel, politique et syndical, administratif, agricole, sanitaire et culturel. Parmi les hommes et femmes anonymes de cet « autre front », Marty y compterait assurément comme un personnage majeur. Bien sûr, il n'est pas membre de la classe des élites politiques ; il n'est pas non plus patron ou ouvrier, ni même syndicaliste, et de ce fait n'entre pas dans les radars traditionnels des oppositions sociales. Marty n'est pas tout à fait d'en bas, mais pas pleinement d'en haut ; il est de surcroît totalement absent du secteur économique et marchand. Il n'est assurément pas vraiment une femme, comme ces munitionnettes des usines d'armement, symboles de la contribution de l'autre moitié de la société à la mobilisation économique. Il n'appartient pas aux catégories socio-professionnelles traditionnelles habituellement identifiées pour souligner les caractéristiques patriotiques de la mobilisation.

Alors qui est-il ? Il est avant tout aveyronnais. Mais sa personne n'a pas été identifiée parmi les plus célèbres personnages de l'histoire issus de ce département, auxquels on a pu conférer « l'esprit des conquérants[18] ». Qu'ils soient hommes politiques comme le président du Conseil Paul Ramadier ou le ministre Jean Puech, artistes comme le cuisinier Michel Bras ou les peintres Eugène Viala et Pierre Soulages, membres de la communauté médicale comme le médecin personnel de Louis XV, Pierre Chirac, le docteur et fondateur de la dermatologie française Jean-Louis Alibert, ou d'horizons encore plus bigarrés comme le cardinal François Marty, le syndicaliste-paysan Raymond Lacombe ou encore l'investisseur Marcellin Cazes, patron des brasseries Lipp et de La Coupole dans les

---

[16] Audoin-Rouzeau, S., « Les cultures de guerre », dans Pellistrandi, B., Sirinelli, J.-F. (dir.), *L'histoire culturelle en France et en Espagne*, Madrid, Casa Velasquez, 2008, p. 289-299.

[17] Fridenson, P., Becker, J.-J., Berstein, S. (dir.), *1914-1918 : l'autre front*, Paris, Éditions Ouvrières, coll. « Les Cahiers du Mouvement social » (2), 1977, p. 7-10.

[18] Crozes, D., Magne, D., *Les Aveyronnais, l'esprit des conquérants*, Rodez, Éditions du Rouergue, 1993.

années 1920 ; ces personnages n'ont pas le haut fonctionnaire Marty comme voisin au panthéon aveyronnais.

Quant aux affaires de famille dont les racines viennent de ce département, l'étude les aborde pour révéler les bornes chronologiques de l'existence de Marty, de sa naissance avec ses origines géographiques et sociales, sa parenté, filiation et cousinage, à sa mort. C'est à travers l'analyse d'une belle correspondance que se révèlent un pan humain et le caractère du personnage. Mais il faut dire ici que la vie intime de Marty ne constitue pas le cœur du projet ; celui-ci consiste bien dans le fait de mettre le réformateur du système postal militaire au cœur d'une emprise administrative, civile et militaire, plus large. Au fil du récit s'agrègent progressivement la formation de Marty, ses premières évolutions professionnelles, son mandat majeur et les autres missions marquantes, les honneurs reçus, ses écrits techniques.

Marty n'a pas son nom gravé sur un monument aux morts, à l'instar de Pierre Bournel « mort pour la France » étudié par l'historienne Stéphanie Sauget, se trouvant sous le coup d'une émotion suscitée par la redécouverte de ce lointain parent[19]. Marty appartient à un groupe, aussi immense que celui des martyrs de la patrie, des hommes utiles durant le conflit, mais restés dans l'anonymat du chaos de la Première Guerre mondiale. Bien sûr, celle-ci a révélé les trajectoires d'hommes passés à la postérité parce que l'histoire s'en est emparée. Morts au combat, tribuns politiques réputés, gouvernants acharnés et visionnaires, artistes prodigues, ils avaient tous de bonnes raisons d'être reconnus déjà par leurs contemporains, puis par des historiens. Mais beaucoup d'autres ne sont même jamais sortis de l'ombre, alors qu'ils avaient accompli des actions remarquables, utiles pour leur patrie et leurs compatriotes. La trajectoire de Marty relève de ces rares cas pour lesquels, un siècle après leurs actes louables, il demeure des pages à écrire et tant à découvrir sur ces personnages dont l'épaisseur des existences n'est pas inutile à rappeler.

C'est donc une biographie, non exhaustive, à laquelle il a fallu recourir pour faire émerger la figure d'Augustin-Alphonse Marty. Mais le contenu n'est pas pour autant restrictif. Si le personnage central a été choisi pour lui-même, à travers lui se dévoilent aussi en complément une administration, une époque et plusieurs événements postaux majeurs.

Marty n'appartient *a priori* pas à la caste des « grands hommes » traditionnellement identifiés. Pourtant, les hauts faits de son action en tant que grand commis de l'État tendraient à l'en rapprocher. La reconstitution

---

[19] Sauget, S., « Pierre Bournel, "mort pour la France". Questions sur la place de l'honneur dans la République », *Vingtième siècle. Revue d'histoire*, n° 131, juillet-septembre 2016, p. 165-186.

Prologue. La découverte du plus célèbre des postiers ?

de son parcours personnel puis professionnel, son intervention décisive à l'automne 1914 lors du premier conflit mondial, la continuité de son engagement jusqu'à la fin de sa carrière militaire, puis son retour à la vie civile précédant sa mort ; tels sont les éclairages apportés sur la vie de ce postier dévoilé.

Marty, pleinement dans son temps

À travers le parcours de Marty, c'est une large histoire toute en sourdine, en cheminement administratif et politique, qui se révèle au lecteur. Pas de fracas, pas de bruit de bombardement ni de fureur des assauts sur le front : Marty est un homme de l'arrière, un homme d'action et de terrain certes, mais protégé, un fonctionnaire qui agit dans l'ombre ; aussi bien lors de sa période en tant qu'inspecteur général des PTT avant-guerre, que dès sa nomination au grand quartier général (GQG) en novembre 1914. On le devine, sans le voir en pleine lumière : on mesure le sillon profond de son parcours, sans que celui-ci ne soit parsemé de moments grandiloquents.

Durant sa carrière, qu'elle ait été réalisée en temps de paix ou de guerre, entre le moment de ses débuts dans le surnumérariat des Postes en 1880 et sa retraite en 1924, Marty est contemporain d'un nombre important d'évènements modifiant les conditions d'exercice de l'institution.

D'abord, il est l'incarnation humaine et homonymique d'un téléphone, avec lequel il n'a rien à voir. Ce risque de confusion potentielle a d'ailleurs pu brouiller les premières recherches sur l'homme. Quant à la machine, il s'agit du poste téléphonique « Marty 1910 », véritable saut technologique pour l'époque. L'objet s'avère si efficace qu'il reste en service près de 70 ans, célébré dans *Jour de fête* de Jacques Tati en 1949[20]. À son origine, l'administration des PTT impose un cahier des charges à la société… Marty a la charge de sa fabrication.

Par ailleurs, Marty voit fleurir les nouvelles boîtes aux lettres, en métal, plus solides, plus pratiques pour les usagers d'abord dans les villes. Les fameuses « mougeottes » à qui le sous-secrétaire d'État, Léon Mougeot, donne son nom, sonnent comme l'héritage mérité de sa volonté de moderniser les outils du service et les rendre plus accessibles aux Français[21].

Marty voit apparaître les premières bicyclettes dans les tournées rurales. Jusqu'alors, le facteur arpentait à pied les espaces ruraux ou le cœur des villes. À la fin du XIXe siècle, l'administration commence à tolérer l'usage de

---

[20] Pérardel, C., « Le poste Marty 1910 », *Les Cahiers de la FNARH*, n° 133, janvier 2017, p. 33.

[21] *Revue encyclopédique. Recueil documentaire universel et illustré*, 1899, Paris, Larousse, t. IX, p. 823.

l'engin face au sens de l'initiative de facteurs audacieux ; puis dès 1909, avec les progrès dans sa fiabilité, elle prend à sa charge l'impôt pesant sur celui-ci pour inciter les facteurs à avoir recours au vélo afin d'alléger la pénibilité[22].

Marty voit s'esquisser les théories réformatrices d'un certain Henri Fayol, membre des conseils de perfectionnement de l'École nationale des mines de Saint-Étienne et du CNAM. Ce dernier publie dans le bulletin de la société de l'industrie minérale en 1916, un essai, repris en 1917, dans les *Annales des PTT*, en pleine guerre, développant des idées générales sur l'administration qui s'appliquent aussi bien aux services de l'État qu'aux entreprises industrielles[23]. Son cheminement intellectuel le mènera jusqu'au brûlot qu'il publie en 1921, et que Marty lit certainement, dans lequel il stigmatise « l'incapacité industrielle » de l'État, inévitable, pour bien gérer les PTT. Le livre apparaît comme un contre-pied, moins de trois ans après la fin de la guerre qui a mis à genoux l'administration des Postes dans un contexte où justement le conflit a nécessité davantage de l'État pour surpasser les difficultés extrêmes[24].

Enfin Marty entend, lit et voit progressivement se populariser dans le langage courant ainsi que sur les frontons des bâtiments, l'acronyme PTT signifiant « Postes, Télégraphes, Téléphones ». Si le ministère avait les téléphones en 1887, il faudra cependant attendre l'après-guerre pour que PTT se popularise ! Ce triptyque moderne d'un ministère voyant converger tous les moyens d'échanges, supplante alors l'ancienne appellation « les Postes » et voisine, en fonction de la liberté des usages, avec celui des P&T (Postes et Télégraphes).

Conséquences directes de la Grande Guerre, Marty vit cette influence sur la Poste qui se trouve « bénéficier » de nouvelles conditions porteuses d'avenir, dans trois domaines.

Le premier concerne les activités financières. Marty voit la Poste, opérateur du courrier, s'y affirmer encore plus. Après la modernisation du mandat poste en 1844, après la création de la Caisse nationale d'épargne postale en 1881, les PTT se parent d'atours un peu plus bancaires, en obtenant du législateur la possibilité de créer les chèques postaux en janvier 1918. C'est la particularité du contexte de guerre, apportant pénurie monétaire, inflation et menace de déstabilisation dans les échanges commerciaux, qui offre à la Poste une nouvelle dimension stabilisatrice au bénéfice de la société[25].

---

[22] Richez, S., « Le facteur rural des Postes en France avant 1914 : un nouveau médiateur au travail », *Le Mouvement social*, n° 218, janvier-mars 2007, p. 29-44.
[23] *Annales des PTT*, 1917, p. 356-386.
[24] Fayol, H., *L'incapacité industrielle de l'État : les PTT*, Paris, Dunod, 1921.
[25] Thiveaud, J.-M. (dir.), *Histoire des services financiers de la Poste*, Paris, Sogepost, 1989, p. 81 et suiv.

Le second a trait aux services. Marty voit le service postal changer de rythme dès le début des années 1920. Celui-ci, traditionnellement ouvert à la population sans discontinuité, avec des distributions de courrier quotidiennes et des bureaux ouverts sept jours sur sept, est traversé par la question du repos hebdomadaire des fonctionnaires, et les conséquences que cela pose sur les horaires et le temps de travail[26].

Le troisième concerne le transport. Marty voit naître la voie postale aérienne, héritière des premiers avions de combat militaires désarmés, que l'on va imaginer d'affecter au transport du courrier d'abord transfrontalier, puis hexagonal[27].

Si cette guerre, d'un point de vue postal, induit des adaptations, la fin est largement considérée par l'opinion publique, les syndicats de postiers, les usagers ainsi que les intellectuels, comme une période de crise qui ne fait que se poursuivre depuis le début du siècle[28]. En janvier 1919, la paix, la reprise d'une vie courante et la réintégration de l'Alsace-Lorraine[29] ont concouru à faire repartir le trafic postal civil à la hausse. La démobilisation des postiers, parfois très tardive, prive les services de ces experts qui manquent dès lors pour la prise en charge d'une tâche qui va en s'alourdissant de mois en mois. Les paquets et colis, popularisés durant le conflit, conservent une croissance soutenue car l'usage en hausse, notamment nourri par les abus des entreprises qui contournent les réglementations, grève la charge postale. De plus, à Paris, une unanimité se fait jour pour réclamer la distribution plus précoce du courrier. De toute part, l'administration se trouve sous tension. Cette crise s'étire pendant près de cinq années, le répit intervenant au moment de l'adoption du budget annexe des PTT à l'Assemblée nationale en 1923[30]. Cette évolution statutaire est présentée à l'époque comme la seule solution de gouvernance identifiée suffisamment efficace pour sortir ce ministère du marasme post conflit. Dans ce contexte, faisant valoir ses droits à la retraite l'année suivante, Marty quitte une administration dont la structure financière

---

[26] Richez, S., « Le service postal dominical en France et en Europe : une vision différente du rôle des Postes, de la première moitié du XIXe siècle aux années 1920 », dans *Postes d'Europe, XVIIIe-XXIe siècle. Jalons d'une histoire comparée*, Paris, Comité pour l'histoire de La Poste, 2007, p. 319-330.

[27] Allaz, C., « La guerre de 1914-1918 : détonateur de la Poste aérienne militaire, initiatrice de la poste aérienne civile des années 1920 », dans *Pour mémoire, Revue des ministères de l'Environnement, de l'Énergie et de la Mer, du Logement et de l'Habitat durable*, n° hors-série, hiver 2015-2016, p. 107-110.

[28] « La crise des Postes », *L'Illustration*, n° 3262, 2 septembre 1905.

[29] Appellation convenue qui en fait, concerne strictement l'Alsace et le département de la Moselle en Lorraine.

[30] Le Roux, M., Oger, B., « Aux origines du budget annexe des PTT », dans *La direction du Budget entre doctrines et réalités, 1919-1944*, Paris, Comité d'histoire économique et financière de la France, 2001, p. 129-137.

et l'organisation s'apprêtent donc à profondément changer, ouvrant une nouvelle période.

Ce redémarrage de la Poste civile est contrarié par un scandale majeur qui éclabousse les PTT. Le secrétaire général des PTT, Louis Pasquet, est épinglé en plein cœur de l'année 1919 par le journal corporatif *La France postale*. Le personnage n'est pas anonyme : son nom est associé à la préparation du premier projet de loi gouvernemental portant sur la future réforme financière et statutaire de l'administration postale, décrite plus haut[31].

Au moment du déclenchement de la guerre, au même poste, il œuvre de tout son poids pour hâter le repli du ministère de Paris vers Bordeaux, en septembre 1914, devant l'avancée allemande en direction de Paris. Cela lui vaut de recevoir *a posteriori* les foudres des postiers qui l'accusent d'abord de lâcheté face à l'ennemi. Notons, *a contrario*, qu'au même moment, Marty est celui qui « reste », le fonctionnaire qui ne demande pas à fuir devant l'adversité, puisqu'il accepte sa nomination comme patron des Postes dans l'enceinte fortifiée de la capitale[32].

Mais la fuite n'est pas le seul grief fait à l'encontre de Pasquet. Car profitant du désordre général et faisant valoir son autorité, il en aurait profité pour faire déménager son luxueux mobilier personnel, installé dans le logement de fonction qu'il occupait au sein du ministère, aux frais de l'État. Ce qui lui vaut cette fois le jugement d'opprobre de la part de la classe des postiers, alors que ceux-ci sont démunis de tout dans leur quotidien. Ce scandale, amplifié par l'émotion publique au moment où la France se relève à peine du conflit, va jusqu'à éclabousser Étienne Clémentel en novembre. L'ancien ministre plénipotentiaire du Commerce, de l'Industrie et des PTT, qui n'a pourtant été en charge de ce portefeuille que d'octobre 1915 à janvier 1920, est accusé d'avoir couvert le peu scrupuleux secrétaire général. Battu aux élections législatives de 1919, il se résout à démissionner du gouvernement Clémenceau et donc à rendre son portefeuille.

L'agitation provoquée par cette affaire a inévitablement influencé Marty, aussi sûrement qu'elle a dû marquer un virage dans sa carrière. Cette année 1919, début de la crise, peut en effet être considérée comme charnière : c'est l'époque où Marty termine son mandat à la tête de la Poste aux armées pour regagner fugacement le ministère des PTT, avant d'intégrer le commissariat général à la réintégration de l'Alsace-Lorraine dans la République. La révélation du scandale explique peut-être le fait

---

[31] *Ibid.*, p. 129-130.
[32] Voir chapitre IV.

qu'il ait souhaité s'éloigner de l'ambiance sulfureuse affectant les PTT à Paris.

Dans le cercle des célébrités postales

Au début d'une recherche, il est toujours stimulant de deviner que le personnage ou l'objet étudié possède toutes les caractéristiques pour venir compléter, à une place remarquable, le patrimoine d'une institution. Très largement ignoré du grand public, celui de la Poste jouit d'une richesse et d'une diversité rares.

Son catalogue matériel regorge d'objets qui tiennent chacun une place remarquable dans la mémoire nationale. Il suffit de parcourir rapidement ceux qui constituent le cabinet des fameuses curiosités dont tout un chacun a déjà entendu parler. Il s'agit de ces bottes de sept lieues, inscrites dans l'imaginaire collectif par Charles Perrault dès le XVIIIe siècle, que les postillons chaussaient dans l'exercice de leur périlleux métier pour protéger leurs jambes d'éventuels emballements de la part des chevaux[33]. Il y a ces voyages en malle-poste, que les grands écrivains français du XIXe siècle, d'Hugo à Balzac en passant par Flaubert, ont tous narrés comme le plus chaotique des périples[34]. On n'oublie pas les boîtes à lettres, nouvel ustensile du mobilier communal dont la diffusion est largement étendue à partir de 1830, que les Français ont progressivement adoptées jusqu'à finir par en rechercher frénétiquement la localisation afin de poster leurs déclarations d'impôt au XXe siècle ! Le timbre-poste est célèbre ; instauré en janvier 1849, effigie de la République[35], il s'inscrit avec le temps parmi les lieux de mémoire des Français[36]. Il y a enfin le duo de couleurs, jaune et bleue, rendu officiel avec la naissance de la marque « LA POSTE » dans les années 1980.

D'un point de vue humain, le panthéon des postiers est beaucoup moins accessible pour le néophyte. Et pourtant c'est dans cette galerie des postiers illustres, qu'il faut saisir occasion de présenter dans le cadre

---

[33] Perrault, C., « Le Petit Poucet », dans *Les Contes de ma mère l'Oye*, Paris, Claude Barbin, 1697.
[34] *Victor Hugo. En Voyage. Alpes et Pyrénées*, Paris, Eugène Hugues, vers 1884 ; *Œuvres complètes de Gustave Flaubert*, Paris, Arvensa Éditions, 2014 ; Diethelm, M.-B., « Voyager avec Balzac. La route en France au début du XIXe siècle », *L'Année balzacienne*, n° 6, 2005, p. 201-240.
[35] Charle, C., Lalouette, J., Pigenet, M., Sohn, A.-M. (dir.), *La France démocratique (combats, mentalités, symboles), Mélanges offerts à Maurice Agulhon*, Paris, Publications de la Sorbonne, 1998, p. 421-429.
[36] Nora, P., *Les lieux de mémoire*, Paris, Gallimard, coll. « Bibliothèque illustrée des histoires », 3 tomes.

de ce travail, que Marty semble devoir trouver une place. La conclusion permettra-t-elle la découverte du postier le plus « célèbre » de l'histoire ?

Plus célèbre que Jean-Baptiste Drouet, physionomiste maître de poste à Sainte-Menehould, qui, reconnaissant Louis XVI en fuite, a permis son arrestation quelques encablures plus loin à Varennes[37] ?

Plus que le comte de Lavalette, directeur-général des Postes de Napoléon, dont les frasques de l'évasion de prison nourrissent la curiosité des férus de la petite histoire[38] ?

Plus que François-Donat Blumstein, inspecteur des Postes en Alsace, qui conçoit les bureaux ambulants dans les années 1840 où l'on trie tout en circulant en train[39] ?

Plus qu'Alexandre Glais-Bizoin, certes non postier au sens strict, mais « député obstiné » qui s'est battu avec acharnement sous la monarchie de Juillet pour promouvoir la péréquation tarifaire postale, concomitamment à la naissance du timbre-poste en 1849[40] ?

Plus que Léon Mougeot, sous-secrétaire d'État aux PTT de 1899 à 1902, qui laisse son nom à la nouvelle boîte aux lettres du XXe siècle, en fonte, à savoir la « mougeotte », passant lui-même ainsi à la postérité, en voulant faire passer la Poste dans une nouvelle ère[41] ?

Plus qu'Édouard Estaunié, inspecteur général, dont le nom émerge plus tardivement de ce récit au contact de Marty, président de la première société littéraire des PTT, « La boîte aux lettres », écrivain prolixe, élu à l'Académie française en 1923[42] ?

Plus que Jeanne Devidal, receveuse des PTT retraitée en 1953, surnommée la « folle de Saint-Lunaire » parce qu'elle avait érigé durant quarante ans une étrange maison faite de bric et de broc, autour d'un arbre trônant au milieu du salon, demeure qualifiée de « hantée » par les avoisinants[43] ?

Plus que l'iconoclaste Robert Grugeau, alias Robert Charroux (1909-1978), contrôleur des PTT de 1927 à 1943, promoteur du courant

---

[37] Ozouf, M., *Varennes : la mort de la royauté, 21 juin 1791*, Paris, Gallimard, 2005.
[38] Tulard, J. (dir.), *Dictionnaire Napoléon*, Paris, Fayard, 1999, t. II.
[39] Duran, J., Plagnes, R., *L'époque héroïque des bureaux de poste ambulants, des origines à 1914*, Anduze, Comité d'entraide du personnel de la ligne Ouest, 1983, p. 17 et suiv.
[40] Verdier, N., *De l'égalité territoriale à la loi sociale. Un député obstiné, Alexandre Glais-Bizoin 1800-1877*, Paris, Comité pour l'histoire de La Poste, 2003.
[41] *Le patrimoine de la Poste*, Charenton-Le-Pont, Flohic, 1996, p. 195.
[42] Rautureau, B. (préf.), *Écrivains de la société littéraire des PTT. Anthologie*, Paris, Société littéraire des PTT, 1995, p. 13.
[43] *La Dame de Saint-Lunaire*, documentaire télévisuel réalisé par Agathe Oléron, 2016.

de pensée néo-évhémériste[44], mondialement connu pendant les Trente Glorieuses pour ses publications relatives à la « primhistoire » et à la théorie du complot[45] ?

Plus que Georges Pitard, postier ambulant devenu par la suite avocat, membre du PCF et artiste, fusillé à Compiègne en septembre 1941 par l'occupant, en représailles à l'assassinat d'un soldat allemand[46] ?

Plus que Georges Valéro, figure syndicale de mai 1968 dans la capitale des Gaules, agent au centre CCP de Lyon-chèques, dont la biographie, traversant les Trente Glorieuses, témoigne des soubresauts connus par la grande maison des PTT[47] ?

Conservera-t-on une image si puissante de Marty qui le placera sur un pied d'égalité avec ces homologues suivants ?

Sera-t-il aussi célèbre que cette postière et ce postier, Simone Michel-Lévy et Edmond Debeaumarché, tous deux compagnons de la Libération[48] ? Autant que ces autres héros de la Résistance, « timbrifiés » pour la postérité, qu'ont été Pierre Gateaud ou Gaston Moutardier qui ont tous œuvré pour faire le lien entre l'extrême diversité des grands réseaux de résistance en dépassant les attributions de leur métier ? Autant qu'Emmanuel et Marie-Thérèse Fleury, Marie Couette, Henri Gourdeaux, Fernand Piccot et Jean Grandel, fondateurs du mouvement Libération Nationale PTT ? Autant que tous ces fonctionnaires, du haut en bas de l'échelle, qui ont exercé leur liberté d'engagement pour défendre la nation bafouée ?

Autant que Jules Mougin, le « facteur-poète » de Revest-des-Brousses où il côtoie Jean Giono qu'il admire, puis d'Écouflant où il grave ses textes sur site troglodytique, devenant ainsi transcripteur d'un art épistolaire brut[49] ?

Autant qu'Eugène Vaillé, docteur ès droit, bibliothécaire au ministère des PTT, promoteur et premier directeur du musée de la Poste de Paris,

---

[44] La théorie des anciens astronautes, ou néo-évhémérisme, est une spéculation selon laquelle les anciennes civilisations auraient été en contact avec une civilisation extraterrestre venue apporter sur la Terre son savoir dans de nombreux domaines artistiques et scientifiques.

[45] Pascal Sauvage, biographie de Robert Grugeau, travail en cours.

[46] Lorties, P. *La Vie et la mort de Georges Pitard*, Strasbourg, Les Amis de Georges Pitard, 1951.

[47] Chevandier, C., *La fabrique d'une génération. Georges Valéro, postier, militant et écrivain*, Paris, Les Belles Lettres, 2009.

[48] Miquel, P., *Compagnons de la Libération*, Paris, Denoël, 1995.

[49] Chevandier, C., Henrisey, C., « Les écrivains des PTT de Georges Valero à Maxime Vivas », dans Béroud, S., Regin, T., *Le roman social*, Paris, Institut d'histoire sociale de la CGT-Éditions de l'Atelier, 2002.

initiateur du courant historiographique sur l'histoire postale dont le sérieux de l'œuvre est reconnu par le monde académique[50] ?

Verra-t-on en Marty l'aura d'un homme surpassant ces postiers reconnus ?

Serait-il moins célèbre que Gaston Bachelard, passé par les premiers échelons de surnuméraire puis de commis des Postes avant la Grande Guerre, avant de fonder sa renommée philosophique par ses travaux de recherche sur la relation entre science et littérature[51] ?

Moins qu'Olivier Besancenot, ancien candidat de la Ligue Communiste Révolutionnaire (LCR) aux élections présidentielles de 2002 et 2007, puis porte-parole du Nouveau Parti Anticapitaliste (NPA)[52], dont le métier de facteur a toujours mis en lumière l'inattendue diversité humaine du milieu postal ?

Moins que Joseph Ferdinand Cheval, fantasque facteur rural à l'imagination galopante, dont le nom est universellement associé à un chef-d'œuvre unique de l'art naïf, construit entre 1879 et 1912 au fil d'une vie de labeur et d'imaginaire architectural, classé en 1969 par André Malraux, ministre de la Culture, au titre des monuments historiques[53] ?

Moins que Georges Sarre, inspecteur au centre de tri de Paris-Brune et cofondateur de l'association des postiers socialistes, député de Paris, secrétaire d'État aux Transports routiers et fluviaux durant le second mandat du président de la République, François Mitterrand, entre 1988 et 1993[54] ?

Cet exercice de style opportuniste, qui amène à réfléchir sur le degré de célébrité des postiers dépasse la simple fonction anecdotique. Il invite à remémorer les personnages et à positionner Marty dans un continuum de contributions à l'histoire nationale. Tous ces « collègues de la petite histoire », éparpillés dans la très longue chronologie de cette institution, témoignent ensemble des implications que la Poste a possédées dans des domaines aussi divers que la politique, les sciences et techniques, la recherche, le syndicalisme, la culture, la littérature et l'art en général.

---

[50] Collectif, *Eugène Vaillé (1875-1959). Historien de la Poste, conservateur du Musée postal*, Paris, Société des Amis du musée de La Poste, coll. « Les Dossiers de Relais » (107), 2009.
[51] Rasle, J., *Écrivains et artistes postiers du monde*, Paris, Cercle d'art, 1997, p. 91.
[52] Paillard, H., « Biographie : Qui est Olivier Besancenot ? », 5 février 2009, en ligne, < http://republique-des-lettres.fr/10648-olivier-besancenot.php> [consulté le 21/07/2017].
[53] Denizeau, G., *Palais Idéal du facteur Cheval. Le Palais Idéal – Le tombeau – Les écrits*, Paris, Nouvelles Éditions Scala, 2011.
[54] Vivas, M., *Paris-Brune* (roman), Paris, Le Temps des Cerises, 1997, p. 22.

Il faut savoir être critique à l'égard de cette liste. Elle repose sur trois dimensions de la célébrité à bien dissocier : la reconnaissance par la nation, une aura médiatique liée à une période circonscrite ou un moment de notoriété fugace. Une catégorie comprend nombre de ces postiers qui sont devenus célèbres par la réalisation d'actions non immédiatement postales, alors qu'une autre compte ceux, plus rares, qui le sont devenus strictement dans l'exercice de leur métier ou fonction.

Indéniablement, Marty fait partie du second groupe. Au lecteur de se forger sa propre opinion sur la place que cet Aveyronnais occuperait dans un classement à bâtir selon la subjectivité de chacun.

Chapitre I

L'énigme Marty

Avant de pouvoir agréger les éléments qui ont permis de faire émerger le personnage Augustin-Alphonse Marty, il a été nécessaire de lever deux barrières liées entre elles. La première consiste à dépasser la surprise initiale quant à l'effacement réel du personnage dans le récit de l'histoire de la Grande Guerre. La seconde découle des raisons mystérieuses présidant à cette absence, qu'il faut peut-être rechercher du côté d'un état civil erroné ou flou.

I. Un homme vraiment oublié ?

Jusqu'au milieu des années 1990, la Poste a largement souffert d'une mise à l'écart de l'historiographie française : les champs de recherche sur l'administration et les entreprises, les transports, l'économie ou les relations sociales ne l'avaient pas identifiée comme un objet d'étude historique[55]. À l'instar de l'institution administrative dans laquelle il a effectué sa carrière, Marty n'a jamais fait l'objet d'aucune étude les décennies qui ont suivi la Première Guerre mondiale. De surcroît, même la Seconde, qui voit pourtant renaître son organisation réformée de la Poste aux armées, n'a pas suscité de curiosité, une fois la libération achevée.

Et pourtant trois décennies plus tôt, Marty a tout simplement enclenché un processus de réformes dès novembre 1914 qui ont contribué à sauver le système postal militaire français. Le conflit passe alors du mouvement à l'enterrement dans les tranchées, prenant une tournure nouvelle. Cet homme a suggéré à   Joffre, tout-puissant général en chef, que l'organisation militaire était sinon obsolète, du moins inadaptée pour faire face au défi représenté par les monceaux d'objets de correspondance la submergeant. Cet homme était un civil, postier de surcroît…

Il y aurait eu, entre la Poste et Marty, comme une communauté d'invisibilité, alors même que le pays s'est largement contenté d'une réforme réussie et la société au XXe siècle a eu un usage débordant de

---

[55] Le Roux, M. (dir), *Histoire de la Poste. De l'administration à l'entreprise*, Paris, Éditions de la rue d'Ulm, 2002, p. 7.

l'administration postale. Cependant, la perception de ce binôme associant homme et institution n'est pas aussi évidente que pour d'autres, malgré son importance factuelle. Mettons en comparaison l'œuvre de Marty pour la Poste avec celle de Raoul Dautry pour le rail, celle de Didier Daurat pour l'aviation ou encore celle plus récente de Gérard Théry pour les télécommunications. À cette simple évocation, on mesure combien est grand le décalage[56]. Avec Dautry, qui a notamment réorganisé les chemins de fer et fondé le commissariat à l'énergie atomique[57], Marty partage-t-il un caractère de précurseur dans son domaine d'expertise ? À l'instar de Daurat qui a promu l'avion comme un mode de transport multicatégoriel, Marty partage-t-il la vision d'un changement d'échelle impulsé par un nouveau moyen de transport[58] ? Comme Théry qui a engagé la France dans un processus d'innovations en matière de télécommunications, Marty converge-t-il sur la nécessité urgente du rattrapage d'un retard national, en matière d'organisation postale par exemple ?

Contrairement à ces hommes majeurs, Marty est passé entre les mailles du filet biographique. Aucun universitaire ou chercheur, aucun marcophile, philatéliste ou généalogiste, n'a entrepris de livre, d'article ou de notice biographique sur lui, excepté une seule tentative.

Elle se matérialise par un échange institutionnel datant du milieu des années 1960. Les deux protagonistes sont des postiers. Depuis Strasbourg, Michel Dupouy est membre d'une association alsacienne aux origines de la SHPTA ; depuis Paris, Georges Rigol est alors conservateur au Musée postal (1966-1970)[59], le second succédera d'ailleurs au premier à la tête du musée. En tout cas, Dupouy semble être en rapport avec Rigol afin de constituer en septembre 1965 un dossier documentaire sur Marty grâce à des documents que le second lui a fait parvenir et doit encore enrichir. Ce dossier comporte une note de synthèse, titrée « Marty Augustin », qui déroule les grandes dates de sa carrière, une copie de son dossier de personnel et une caricature, du profil gauche.

Quelques mois auparavant, en décembre 1964, Rigol rédige un article à l'occasion de l'inauguration d'une exposition ayant trait au cinquantenaire

---

[56] Raoul Dautry, ingénieur de formation, notamment directeur général des chemins de fer de l'État, et penseur du développement ferroviaire national ; Didier Daurat, ex-pilote de la Première Guerre mondiale, associé à l'aventure de l'Aéropostale, est le père de l'aviation postale intérieure ; Gérard Théry, ingénieur, polytechnicien, directeur général des Télécommunications en 1974 et père du rattrapage français en matière de téléphone comme du Minitel.
[57] Halpérin, V., *Raoul Dautry. Du rail à l'atome*, Paris, Fayard, 1997.
[58] Migeot, M., *Didier Daurat*, Paris, Flammarion, 2014.
[59] *Bulletin de la société des amis du Musée postal*, 1er trimestre 1971.

de la guerre 1914-1918, par Jacques Marette, le ministre des PTT[60]. Dans cet article où sont décrites les grandes lignes de la réforme de la Poste aux armées, puisque c'est de cette Poste dont il est question en réalité, Rigol n'évoque jamais Marty, esquissant pourtant la fonction d'« inspecteur général technique de la Poste militaire » qu'il occupait. Preuve de l'insuffisance des renseignements alors collectés sur le fonctionnaire : qu'est-ce qui aurait pu expliquer qu'il n'en parle pas dans son article ? Rigol ne mesure pas tout à fait bien l'importance de Marty dans la mise en place d'un système postal réformé. Il ne semble pas non plus avoir concrétisé ses velléités d'approfondissement dans sa connaissance de Marty par un nouveau contact avec ledit Michel Dupouy. Celui-ci succède d'ailleurs à Rigol à la tête du musée en 1971[61], sans qu'on lui connaisse, durant son mandat, une quelconque suite donnée à cet intérêt mutuel. Tant et si bien que les deux hommes, qui sont certainement à l'époque les plus experts en matière d'histoire postale – Eugène Vaillé étant décédé en 1959[62] – laissent en suspens le cas Marty.

Ce qui suscite l'étonnement est renforcé par le fait que Marty, en son temps, ait pu gagner l'aura nécessaire pour faire l'objet d'« un intérêt artistique ». En effet, l'homme « a été croqué », sous les traits d'un homme d'âge mûr au moins, par un caricaturiste, qui a esquissé son profil gauche. Dessin ou caricature ? La distinction n'est pas simple à faire : même s'il semble que rien n'est exagéré ou accentué dans l'œuvre livrée, ce dessin tend vers un certain réalisme. Le portrait est présent dans les collections de la photothèque du musée de la Poste, comme dans le dossier documentaire de la SHPTA, trace concrète des échanges anciens entre Rigol et Dupouy.

Sur le cliché original et grossi, sur le haut de la manche, on peut lire le nom de l'artiste, Garnier. Mais il ne semble pas qu'il soit le Charles Garnier, architecte de l'opéra parisien : il décède en 1898 et à cette époque, Marty n'est qu'un trop jeune fonctionnaire effacé. Le Garnier auteur de la caricature ne semble pas référencé parmi les plus célèbres de ses confrères de la première moitié du XXe siècle qui œuvrent, par exemple, dans des journaux comme *L'assiette au beurre* ou *Le Rire*. Le créateur de ce dessin esquisse les traits d'un Marty apparemment déjà âgé – serait-il même déjà retraité ? – un peu voûté et dont la pilosité crânienne est très nettement clairsemée.

---

[60] Rigol, G., « La Poste pendant la guerre de 1914-1918 », *Revue des PTT de France*, 20e année, n° 3, mai-juin 1965, p. 30-34.
[61] *Bulletin de la société des amis du Musée postal*, 2e trimestre 1971.
[62] Collectif, *Eugène Vaillé (1875-1959), op. cit.*, p. 51.

Caricature du profil gauche de Marty (non datée)

Source : photothèque du musée de La Poste (cote n° 489)
et dossier documentaire, SHPTA

Ce dessin-là ne semble donc pas avoir été réalisé dans un but forcément satirique. Il livre en conséquence une confirmation essentielle à son endroit : Marty était connu à son époque, reconnaissable au point d'être dessiné, mais pas brocardé, par un talentueux dessinateur qui a jugé bon de le faire passer à la postérité. Elle est née de la mine d'un fusain, mais n'a, par la suite, jamais véritablement été matérialisée sous la plume d'un historien.

II. Un flou historiographique

Marty est un personnage historique, bien réel : il a occupé de hautes fonctions administratives, civiles et militaires, a publié des textes, prouvant ainsi à l'appui ses « faits d'arme ». Mais paradoxalement, sa piste a longtemps été faussée par une prénomination erronée de l'homme.

L'historiographie portant sur la Poste aux armées n'a rien fait pour remédier à la correction de cet état, d'abord en n'évoquant pas le personnage. D'un point de vue militaire, marcophile et philatélique, le personnage est en effet absent : on s'intéresse aux timbres, aux marques postales, aux étrangetés de la correspondance et aux circuits d'acheminement militaires, mais on omet l'homme qui a ordonnancé tout cela[63]. Chez les militaires-postiers et les postiers-militaires, enclins à exposer les origines de ce prestigieux service, Marty peut être certes,

---

[63] Deloste, C., *Histoire postale et militaire de la Première Guerre mondiale : postes militaires françaises alliées et ennemies sur le front français (secteurs postaux, marques de censure et*

mentionné, mais jamais précisément prénommé. Surtout, son rôle n'est jamais véritablement analysé à la mesure des proportions de la réforme qu'il mène à l'époque : dans l'ouvrage de Michel Ferrier, il n'apparaît d'ailleurs pas parmi les personnels de la Poste aux armées ayant fait l'objet de citations ou d'appréciations en deux siècles de références étudiées[64].

Parmi les travaux académiques, le mémoire universitaire de Bertrand Sinais, publié en 1975 avec l'aide de l'Armée, constitue le meilleur document contemporain sur le sujet[65]. C'est dire, quand on sait qu'il n'évoque qu'un certain « A. Marty », ne développe aucune information complémentaire sur le personnage, ni ne risque de lui attribuer un prénom. Sinais se cantonne à mentionner son rôle en insistant à juste raison sur le dépassement de fonction opéré par Marty au-delà de ce que le décret du 18 novembre, créant l'inspection générale technique de la Poste militaire, avait pu prévoir. Il mentionne cependant clairement que Marty a notamment créé les secteurs postaux.

À ce moment du tour d'horizon historiographique, il apparaît que Marty est sinon absent des études, du moins quasi effacé. Sa fausse identité, celle d'« Alfred » Marty, se révèle par la lecture d'un travail universitaire. En 2002, un mémoire de maîtrise, fait naître Alfred Marty[66]. Aucun des évaluateurs n'est en mesure de relever cette erreur puisqu'il n'existe par ailleurs pas d'autres éléments de bibliographie permettant de la mettre en question. On ne sait rien de lui et l'attention se porte d'autant moins sur un quelconque prénom.

Tant et si bien que ce travail, qui a ensuite fait l'objet d'une publication dédiée à la Première Guerre mondiale[67] et qui a servi de socle à l'édition d'un état des Postes pendant la guerre de 1914-1918[68], a gravé en surface du marbre une fausse identité.

---

 de franchise, camp de prisonniers et d'internés), Bischwiller, Éditions de l'Échangiste universel, 1968.

[64] Ferrier, M. (préf.), *La Poste aux armées : textes, documents, souvenirs et témoignages*, Paris, Sun, Amicale de la Poste aux armées, 1975.

[65] Sinais, B., *Le service postal militaire français pendant la guerre de 1914-1918*, Paris, Direction de la Poste aux Armées, 1975. Plus tard, B. Sinais écrit aussi : « Le service postal militaire français en Orient pendant la Première Guerre mondiale (1915-1923) », thèse d'histoire, Paris 4 Sorbonne, 1978.

[66] Le Ber, A., « La Poste aux armées, de l'arrière au front, pendant la Grande Guerre », maitrise d'histoire, université Paris 10 Nanterre, 2002, p. 8.

[67] Le Ber, A., Schepens, N., *Le rôle de la Poste au cours de la Première Guerre mondiale*, Paris, Comité pour l'histoire de La Poste, coll. « Cahiers pour l'histoire de La Poste » (3), 2004.

[68] Bette, P., Le Ber, A., Schepens, N., Richez, S., Thierry, B., *Les Postes dans la guerre 1914-1918*, Paris, Comité pour l'histoire de La Poste, coll. « Cahiers pour l'histoire de La Poste » (17), 2014, 156 p.

L'erreur initialement commise s'est installée. Elle a été reprise par d'autres travaux connexes au sujet. À commencer par la presse spécialisée en matière de philatélie : dans un article de 2008, *L'Écho de la timbrologie* célébrant les quatre-vingt-dix ans d'une nouvelle Poste aux armées, signale le rôle d'« Alfred Marty »[69]. Dans le cadre du festival Rendez-vous de l'histoire à Blois en 2013, une conférence donnée sur les colis postaux en temps de guerre, parle du rôle majeur d'« Alfred Marty »[70]. Dans un livre publié en 2014 sur la correspondance en temps de guerre, l'auteur agrège les idées reçues sur la Poste et commet des erreurs sur les réformes du « père des secteurs postaux » ; il enfonce le clou en surenchérissant sur « le général Alfred Marty »[71].

Historien de la Grande Guerre, président du comité scientifique de la Mission du Centenaire 2014-2018, le professeur Antoine Prost a lui-même ajouté à la confusion ! Dans une émission de télévision[72], il évoque le personnage en citant les statistiques du courrier échangé avec le front. Pour lui, « André Marty est le directeur du service postal ». Eu égard à cette situation totalement floue, l'incertitude absolue régnant, l'éclaircissement de la véritable identité de Marty constituait un préalable à tout approfondissement.

III. Marty, comment te prénommes-tu ?

Lorsqu'il s'est agi, à l'occasion du centenaire de la Première Guerre mondiale, de se pencher sur l'histoire de la Poste civile pour la sortir de l'ombre de la Poste aux armées si souvent induite dans l'évocation du conflit, Marty a ressurgi. Il s'est avéré être le chaînon entre les deux cousines : il s'est avéré incarner le facteur explicatif permettant de révéler la nature des transformations postales connues par la France à l'automne 1914.

On se devait d'en savoir plus sur lui. Mais impossible de retrouver un quelconque début de piste pour approfondir la connaissance du personnage, jusqu'à ce qu'apparaisse au grand jour le fameux dossier, échangé par Rigol et Dupouy dans les années 1960. Il a permis de résoudre un pan du mystère[73] alors même que les recherches menées dans les archives

---

[69] *L'Écho de la timbrologie*, n° 1816, mars 2008, p. 73.
[70] Rendez-vous de l'histoire de Blois, 2013, « Guerres et Postes. Rôles et missions d'une institution tutélaire dans un pays sous tension », 11 octobre 2013.
[71] Delpard, R., *Courrier de guerre : la Poste aux armées 1914-1918*, Paris, L'Archipel, 2014.
[72] Public Sénat, émission *Bibliothèque Médicis*, « La Grande Guerre », 7 novembre 2014.
[73] Archiviste-documentaliste à la société d'histoire des Postes et Télécommunications en Alsace (SHPTA), Maryline Simler a répondu à l'appel diffusé lors de l'hiver 2014 concernant les recherches engagées afin de retrouver des éléments biographiques

du personnel des PTT ou bien de la Légion d'honneur s'étaient avérées vaines : des centaines de « Marty » ressortaient des bases de données, des profils *a priori* proches mais pas tout à fait concordants. Persistait donc toujours le mystère entourant son identité complète.

Sa bibliographie personnelle, puisqu'il en possède une, n'a pas éclairé ce point. Marty a commis des publications, toutes éditées en 1922 d'ailleurs. D'abord un livre, dans lequel il décrit l'ensemble de sa réforme postale réalisée huit ans plus tôt[74]. Ensuite, un article, dans les *Annales des PTT*, dans lequel il expose le profil d'acteur du désenclavement des campagnes que la Poste devrait endosser auprès des Français, notamment grâce à l'emploi massif de l'automobile[75]. Malheureusement, ces deux textes sont signés « A. Marty ». Le flou perdurait donc.

L'homme se fait donc connaître sous une identité peu précise dans son travail. Comme dans ses éditions, son prénom n'est jamais cité, ni dans la presse, ni dans les documents administratifs postaux, ni même dans la bouche des politiques lorsque ceux-ci évoquent son cas.

C'est ce sujet du prénom qui fait prendre tout son relief au cas « MARTY ». Car dans les éléments d'état civil et dans ceux de son dossier professionnel qu'il nous a été donné de retrouver, découvre-t-on assez aisément que Marty est connu avec les prénoms accolés… Augustin et Alphonse.

Portrait d'Augustin-Alphonse Marty (1893)

Source : fonds privé, Michel Roussel

---

sur Marty. C'est par un heureux hasard qu'elle a exhumé un dossier documentaire mystérieusement titré « MARTY »…

[74] Marty, A.-A., *La Poste militaire en France (campagne 1914-1919)*, Paris, Eyrolles, 1922.
[75] *Id.*, « Amélioration et extension du service postal dans les campagnes par l'emploi rationnel de l'automobile », *Annales des PTT*, n° 4, juillet-août 1922, p. 778-791.

L'identité d'Augustin-Alphonse se dévoilait enfin pleinement. Né à Conques, dans le département de l'Aveyron, le 28 mai 1862, il est donc originaire du pays d'Oc. Cette terre rurale très enclavée est reliée aux circulations environnantes par sa position privilégiée, au bord des chemins de Compostelle, passant au sud du Massif central. Distante de 25 km du village, Decazeville est la ville la plus proche, cité minière et industrielle, qui prospère à cette époque.

« Alfred » était confirmé comme une erreur, ce prénom ayant été conféré abusivement par un premier travail de recherche. Un travail malheureusement repris, comme il est normalement d'usage, dans un processus cumulatif du savoir, par d'autres, troublant ainsi l'exactitude des premières approches biographiques sur le personnage. Remarquons au passage que les us et coutumes de l'époque auraient tout aussi bien pu se charger d'ajouter au trouble. On apprend à travers les archives personnelles et les récits de famille que Marty était surnommé « Émile » dans le cercle familial[76]. Les membres du cercle familial, père et mère, ainsi que frère et sœur, voire certains descendants, l'identifie tout naturellement avec ce surnom devenu quasiment prénom.

Une identité intime qui semble l'avoir accompagné jusqu'à la fin de ses jours puisqu'on retrouve mentionné au cimetière de Rodez, sur sa plaque mortuaire, à côté du prénom Augustin hérité de son père, celui d'Émile…

*Caveau familial, au cimetière municipal de Rodez :
en bas, la plaque mortuaire de Marty*

Source : Michel Roussel

---

[76] Site de généalogie, <http://gw.geneanet.org/mroussel?lang=fr&p=augustin+alphonse &n=marty&oc=0> [consulté le 21/07/2017].

CHAPITRE II

Une ascension méritocratique

Le parcours de Marty est typique de cette fin de XIXe siècle, imprégnée par des valeurs de la Troisième République, autorisant l'ascension sociale par la méritocratie.

I. D'une modeste extraction sociale

La curiosité envers notre personnage prend de l'ampleur quand on découvre sa filiation. En effet, Marty est né d'un père dont l'emploi était… facteur rural[77] ! Augustin Marty est né le 25 juillet 1818 à Saint-Cyprien-sur-Dourdou, dans l'Aveyron. Cette commune se trouve à environ 5 km de Conques, futur lieu d'installation des parents du petit Alphonse.

Augustin Marty, père (1818-1903)

Source : fonds privé, Michel Roussel

---

[77] Archives de l'état civil de la commune de Conques, Aveyron.

Marty père connaît une fin dramatique, mais pas funeste, à ses huit campagnes militaires qui auront occupé sa jeune vie durant douze années. Il appartient au corps expéditionnaire français qui prend part à la colonisation de l'Algérie[78]. Il perd en effet l'usage du bras droit suite à un coup de feu adverse lors de la campagne menée par Saint-Arnaud, qui commande alors le 53e régiment d'infanterie légère, contre les tribus des cercles de Djidjelli et de Collo. C'est dans cette ville portuaire, chef-lieu de commune de la wilaya (circonscription) de Skikda, située à environ 500 km à l'est d'Alger, qu'il est atteint le 7 avril 1843.

Il est immédiatement extrait du service actif et pensionné à partir de 1844. Tradition de l'époque, qui voit nombre de soldats sortis des rangs intégrer dans la foulée le corps de facteur des Postes[79], Augustin Marty trouve donc refuge dans cette administration. La notion qui préside à ces reclassements relève de la reconnaissance du service (armé) pour l'État ; l'entrée dans le corps des facteurs, métier fait de marches harassantes, de routine par le tri des lettres, de devoir rendu sans discussion et de contact auprès des autorités locales, permet de prolonger cette déférence envers le pouvoir central.

Notons que, si c'est par une décision ministérielle en date du 3 mai 1853 que les places de facteur étaient données aux anciens militaires (de préférence à ceux qui avaient contracté un réengagement), jusqu'à concurrence des trois quarts des vacances d'emploi, cette pratique avait déjà cours dès la monarchie de Juillet.

Marty est donc affecté à Conques, tout près de son village d'origine, à compter du 30 avril 1846. Le 19 mai, devant le juge de paix de Marcillac, il prête le traditionnel serment des postiers, comportant fidélité au roi et protection de l'inviolabilité des correspondances : « Je jure d'être fidèle au roi des Français, d'obéir à la Charte constitutionnelle et aux lois du royaume, de remplir fidèlement mes fonctions, et de garder et observer exactement la loi due au secret des lettres[80] ».

Il effectuera l'intégralité de sa carrière dans le corps des facteurs. Curiosité chronologique, Marty père est contemporain de Louis Ferdinand Cheval. Le facteur rural de Hauterives dans la Drôme connaît la célébrité pour avoir érigé entre 1879 et 1912, son palais idéal. Comme son collègue drômois, l'Aveyronnais est certainement un forçat de la marche. Durant la décennie 1860, un facteur rural parcourt rarement moins de 32 km par jour, à pied, sept jours sur sept.

---

[78] Bouchène, A., Peyrouloux, J.-P., Tengour, O. S., Thénault, S., *Histoire de l'Algérie à la période coloniale*, Paris, La Découverte, 2014.
[79] Richez, S., « Le facteur rural des Postes en France avant 1914… », *art. cit.*
[80] Archives familiales, Michel Roussel.

Une ascension méritocratique

Le facteur rural est surtout un marcheur de l'impossible, témoignant davantage d'une présence itinérante de l'État sur le territoire, qu'une réelle utilité postale pour tous ; il faut dire qu'il transporte – distribue et collecte – peu de lettres. Dans cet Aveyron reculé, dont on peut déceler de fortes similarités quant aux volumes de courrier transportés avec des départements déjà étudiés comme le Limousin ou l'Orne chers à Alain Corbin[81], les lettres quotidiennes à collecter ou à distribuer se comptent au mieux par deux ou trois dizaines, tout au plus.

Par son père, l'enfant Augustin-Alphonse Marty est donc acculturé au sacerdoce postal, d'autant plus brutal à vivre et à ressentir que son père est mutilé. Il se nourrit de la dureté comme de la noblesse de sa tâche, « sous-agent » des Postes tel qu'on qualifie les facteurs à l'époque, qui bénéficient de la retraite de fonctionnaire depuis la loi du 9 juin 1853 sur les pensions civiles. Le droit à pension est alors acquis à 60 ans, après trente ans de services accomplis. Néanmoins, les fonctionnaires ayant occupé certains emplois exposés à une pénibilité particulière comme ceux de facteurs, chargeurs de malle, gardes-forestiers, agents des douanes ou préposés en chef des postes d'octroi, peuvent prendre leur retraite à 55 ans, après vingt-cinq ans de services effectifs. Marty père en profite d'ailleurs puisqu'il se retire à l'âge de 59 ans, le 8 avril 1877. Difficile, voire quasi inimaginable, d'avoir en tête l'état physique de cet homme, certes un ancien militaire dur au mal, confronté à un labeur pénible auquel il a dû résister pour disposer de toutes ses annuités.

Fatigué peut-être, Augustin aura toutefois profité durant 26 années d'une longue retraite, décédant le 22 février 1903 à l'âge de 85 ans à son domicile de Conques. Il rejoint dans la tombe son épouse qu'on a enterrée cinq années plus tôt le 20 septembre 1898. Marie Hortense Marty, née Cadrieu le 29 novembre 1824 à Saint-Parthem, a toujours été dans une position de femme au foyer, sans que les recherches faites dans l'état civil local et départemental ne fassent apparaître plus de précision.

Elle a 24 ans, et il en a 30, quand ils se marient avec un contrat de mariage signé devant Maître Couffin, notaire de la commune d'origine de la promise, comme de coutume à l'époque, le 21 mai 1848. Le couple réside à Conques, depuis que Marty y a été recruté comme facteur des Postes.

Ils sont tous les deux avancés en âge, 44 ans pour Augustin et 38 ans pour Marie, lorsque leur fils, reconnu par l'état civil comme Augustin-

---

[81] Corbin, A., *Archaïsme et modernité en Limousin au XIXe siècle 1845-1880*, Paris, Marcel Rivière, 1975, 2 vol. ; *id.*, *Le monde retrouvé de Louis-François Pinagot, op. cit.* ; Richez, S., « Un aperçu de l'évolution du trafic postal dans l'Orne entre 1847 et 1921 », *Annales de Normandie*, n° 2, mars 2003, p. 129-145.

Alphonse, vient au jour, le 28 mai 1862, au domicile familial situé au lieu-dit « Cambelong », à Conques[82].

Maison familiale des Marty, à « Cambelong », Conques

Sources : fonds privé, Valérie Dupré, cliché des années 1950

Augustin-Alphonse Marty n'est pas fils unique, puisque ses parents donnent jour à huit progénitures. Il est le 6e enfant. Son aîné, Albert-François, venu au monde deux ans auparavant, le 5 février 1860 et mort le 23 mai 1938 à Rodez, aura été, selon la plus pure tradition paternelle, un « collègue » de son frère, mais à un échelon moindre. Il a en effet embrassé le sacerdoce de facteur, également à Conques. Il a de plus hérité de la maison familiale à Cambelong. Il devient par la suite une personnalité locale puisqu'il occupe le siège de maire de Conques. L'empreinte républicaine du service public s'avère très profonde dans la famille. En effet, l'aîné de la fratrie, Antoine-Martin, sera receveur-buraliste ; le cadet, Casimir-Augustin, sera instituteur, puis directeur d'école à Decazeville et poindra politiquement dans l'entourage proche du maire, Paul Ramadier.

---

[82] Rénovée, agrandie jusqu'au bord de la route, surnommée « la maison des sources », la demeure est désormais devenue une maison et table d'hôtes.

Une ascension méritocratique

L'environnement familial d'Augustin-Alphonse Marty esquisse cette méritocratie endogène qui innerve traditionnellement la Poste depuis la fin du Second Empire jusqu'à la fin du XXe siècle : on devient souvent postier par atavisme[83]. De nombreuses générations, de père en fils, de branche familiale en cousinage, ont travaillé dans cette grande administration des échanges et des communications du XXe siècle. L'arbre généalogique de la famille Marty illustre la présence de cette culture postale en son sein. Du patriarche jusqu'à deux générations après lui, ils sont six hommes au total à avoir travaillé aux PTT. Le père, donc, comme facteur ; le plus célèbre des fils, comme inspecteur général ; un autre fils devenu facteur ; un petit-fils, mentionné comme postier ; un autre, comme receveur des Postes ; un dernier petit-fils comme inspecteur général lui aussi. Ce dernier prenant même comme épouse une femme qui terminera sa vie professionnelle comme contrôleur des PTT ! Voilà comment se dévoilent l'atavisme et l'attrait pour la carrière administrative postale chez les Marty.

II. L'accès à une brillante carrière administrative

Nourri par l'exemple paternel, mais peut-être décidé à faire mieux que son père, le jeune Marty semble décidé à traverser une vie administrative au sein des PTT.

Par la voie normale du surnumérariat

Augustin-Alphonse Marty entre dans ce que sont encore les P&T à 18 ans. Déraciné de son Aveyron natal, il intègre le surnumérariat à Blois, en décembre 1880. On ignore les circonstances de cette orientation et du choix du lieu, ainsi que la façon dont ils se sont concrétisés ; quant aux motivations de Marty pour intégrer l'administration, elles tombent sous le sens : le modèle paternel, teinté d'une ambition d'ascension chez le fils, s'est imposé à lui avec évidence.

Quoi qu'il en soit, l'état de surnuméraire à cette époque constitue une période professionnelle probatoire, telle la promesse d'un avenir meilleur éclairé par les perspectives d'une carrière longue.

Mais celle-ci ne se forge qu'en surmontant des obstacles placés à l'entrée. Une limite d'âge d'abord doit être franchie : pour postuler, il faut

---

[83] Sur ce sujet, on prendra connaissance des récits collectés dans le cadre des concours autobiographiques organisés par le comité pour l'histoire de La Poste. Parmi ceux-là : Manach, J., Vignau, A., *Une vie de receveur*, Paris, Comité pour l'histoire de La Poste, 1999 ; Bourquard J.-M., Demorieux, M., Pizzato, F., *Si Paris RP m'était conté*, Paris, Comité pour l'histoire de La Poste, 2008.

avoir 17 ans révolus et moins de 25. Une barrière intellectuelle ensuite car il faut réussir au concours. Devant un jury de trois personnes, l'inspecteur et le directeur départemental des Postes en étant membres de droit, le postulant doit se soumettre aux épreuves de la dictée courte, du recopiage, de la rédaction sur un sujet donné, de la confection de tableaux, du calcul des quatre règles arithmétiques et des questions de géographie ; il doit faire savoir de surcroît s'il parle des langues étrangères, l'idiome ou le dialecte particulier de certaines régions françaises.

Le surnumérariat égale alors une sorte de noviciat professionnel d'une année au cours de laquelle l'impétrant se forme aux diverses pratiques du travail au guichet. À l'issue de la période, c'est la carrière de commis qui s'ouvre à lui. Reçu au concours, Marty est nommé en Picardie et prend son poste à Beauvais. Son affectation précise n'est pas mentionnée : le bureau de poste principal, un bureau annexe en ville, le service ambulant ou bien la direction départementale ont-ils pu voir passer Marty ? Beauvais « RP » (recette principale) ne semble pas être cette affectation en tout cas, cela aurait été mentionné comme tel.

Après trois années en poste en Picardie, il rejoint la recette principale de Bordeaux, qui elle, est clairement mentionnée ainsi dans son dossier. Dans l'administration des Postes, le grade de commis est dédié la plupart du temps aux activités de service au public posté au guichet, et ce, dans les plus importants des bureaux de poste, qu'ils soient recettes principales ou dits « bureaux composés » (service postal, télégraphique et téléphonique). Avec l'élargissement de leurs tâches, on trouve aussi des commis parmi les ambulants, mais également dans les directions, qu'elles soient départementales jusqu'au ministère à Paris, où ils comptent parmi les fameux « ronds de cuir » tant moqués par Courteline[84]. Ils sont environ 12 000 à l'époque sur l'ensemble du territoire. Deux ans et sept mois plus tard, il continue à gravir les échelons administratifs au sein du même grade de commis, mais par un changement d'affectation : c'est un retour au nord de la Seine pour Marty puisqu'il intègre la direction départementale de la Seine-Inférieure (Seine-Maritime) à Rouen.

L'ENSPTT comme accélératrice de réussite

À la rentrée « scolaire » de 1889, Marty change radicalement d'horizons en intégrant le lieu d'excellence de la formation administrative du ministère des PTT, fraîchement érigé : l'École professionnelle supérieure des Postes et Télégraphes est alors installée à Paris, au 103 de la rue de Grenelle, dans les locaux du ministère homonyme ; elle y demeurera d'ailleurs jusqu'en

---

[84] Courteline, G., *Messieurs les ronds-de-cuir, op. cit.*

mars 1939[85]. Créée par décret de mars 1888, elle connaît donc sa première rentrée en octobre de la même année : Marty fait partie des « pionniers », appartenant à la seconde promotion.

Pour cette seconde rentrée de l'établissement, le nombre des agents pouvant être admis en première section est de trente personnes. Marty est de ceux-là. Alors que la seconde section perpétue l'ancienne école supérieure de télégraphie, la première section forme le personnel administratif supérieur appelé à nourrir les grades d'administrateurs, chefs et sous-chefs de bureau, commis principaux, inspecteurs du contrôle, directeurs des services départementaux ou ambulants, inspecteurs et sous-inspecteurs, receveurs des bureaux composés de 1re et 2e classes, les chefs de centre de dépôt et de section.

Pour entrer dans la première section, il aura fallu à Marty réussir avec succès un concours uniquement accessible aux agents comptant au minimum cinq années d'ancienneté et âgés d'au moins 25 ans. Âgé de 27 ans, ayant déjà neuf années de service, il remplit les conditions des compositions écrites[86].

Depuis Rouen où il est alors affecté comme commis, il n'a pas loin pour venir à Paris et se soumettre aux cinq compositions écrites relatives au service postal et télégraphique, aux mathématiques, aux sciences physiques et à l'histoire-géographie. À l'issue des écrits, il aura été admissible aux oraux, au cours desquels, à sa demande, il a pu être testé sur une ou plusieurs langues étrangères, en plus de questions touchant aux catégories déjà évoquées. Sur une note de vingt, dix points relevaient de la valeur morale, du caractère, de l'éducation et de la tenue. À l'issue du cycle, Marty a donc franchi cette phase de sélection ardue.

Une fois à l'école, il y suit un enseignement d'une durée de dix-huit mois, divisée en deux périodes de neuf mois. La première période, d'octobre à juillet, est consacrée à l'enseignement interne de l'école : cours, conférences, manipulations et travaux pratiques sont au programme. Lors de la seconde, de juillet à avril, les élèves de la promotion sont répartis en quatre groupes et vont s'immerger dans les services suivants : lignes aériennes ; lignes souterraines, pneumatiques et téléphoniques ; exploitations des grands bureaux ; services de la poste et du télégraphe ; services ambulants.

En janvier 1891, Marty achève son cursus au sein de l'ENSPTT sans anicroche et avec tous les honneurs. Sur trente élèves, il est en effet classé second de sa promotion avec la mention « Très bien ». Il voit donc s'offrir à lui de larges opportunités. Il n'a pas encore 30 ans.

---

[85] Guillet, F., *École nationale supérieure des PTT. Histoire de la naissance et de la formation d'un corps de l'État, 1888-1988*, Paris, Éditions Hervas, 1988.

[86] *Bulletin mensuel des Postes et Télégraphes*, janvier 1889, p. 9-10.

L'expérience de la Poste… et de l'amour

Comme la plupart des diplômés de l'époque, c'est dans les services centraux de l'administration, à Paris, que sa formation pratique va se parfaire. Il intègre le ministère des PTT en février 1892 comme commis au sein de la puissante direction de l'Exploitation postale : celle-ci gère l'ordonnancement de la chaîne d'acheminement postale depuis la collecte, en passant par le transport jusqu'à la distribution par les tarifs, les horaires et la coordination.

Il reste huit années au ministère, rue de Grenelle. Entré comme commis, il y gravit plusieurs grades attachés à diverses fonctions ; cela lui permet de connaître des affectations diverses qui lui font toucher du doigt la diversité des tâches inhérentes à l'administration centrale : commis principal en mai 1896, puis rédacteur en février 1898, sous-chef de bureau, puis enfin chef de bureau en novembre 1899. Dans le premier poste, il a sous ses ordres plusieurs commis qui sont affectés à l'enregistrement et à la transmission des documents administratifs ; dans le second, il prend part directement à la rédaction des textes et circulaires officiels régissant le fonctionnement quotidien de l'administration ; et dans le troisième, il supervise l'ensemble des textes administratifs qui sont produits par l'administration à propos de tel ou tel domaine postal, comme le personnel, le matériel, les tarifs, les bureaux de poste, etc.

Durant ce laps de temps, Marty a trouvé l'âme sœur. Comment et à quelle occasion a-t-il rencontré cette Nivernaise, qu'il épouse selon l'usage dans sa ville natale et de résidence, à Nevers, le 4 septembre 1894 ? Francine est issue d'une famille modeste d'artisan, son père y est tonnelier.

Photo-portrait de Francine Bonamy, épouse Marty (1871-1958)

Source : fonds privé, Michel Roussel

On ignore tout de la rencontre entre ces deux êtres issus de milieux plutôt différents et si éloignés géographiquement. Les deux épris ont presque dix ans d'écart. Francine Bonamy est née le 13 février 1871.

Le couple donne naissance à deux garçons. L'aîné, Émile, né en 1895, décède très précocement en 1902. Sa mort est survenue au boulevard Garibaldi, sans doute au domicile du couple Marty à Paris.

Georges Abel Constant est né en 1898 et mort en 1974 à Paris où il s'est installé dans le XVIe arrondissement avec femme et enfants : il y devient ingénieur. La descendance d'Augustin-Alphonse Marty s'ancre donc dans la capitale.

En août 1901, c'est donc comme époux et père de famille que Marty s'éloigne temporairement de la capitale pour la douceur des bords de Loire. Affecté à Angers, il prend la direction administrative d'un grand département, celui du Maine et Loire.

Cette migration provinciale ne dure cependant que quelques mois, puisqu'il est rappelé en mars 1902 au cabinet du sous-secrétaire d'État des PTT, Léon Mougeot dont le mandat s'achèvera en juin. C'est à cette occasion qu'il se frotte pour la première fois aux arcanes politiques de son métier : il n'a pas encore 40 ans. Il travaille au secrétariat des contentieux comme sous-chef de bureau. Son service est dédié au traitement des affaires relevant des tribunaux administratifs et civils, concernant les PTT avec leurs fournisseurs ou leurs usagers ; dégâts et dommages, procédures, condamnation et contravention…

Il est promu chef de bureau en moins d'un trimestre et gagne la direction du 4e bureau de l'exploitation électrique.

Un semestre plus tard, il devient chef du 2e bureau de la direction du matériel et de la construction, dont l'immense périmètre d'action concerne à la fois les biens immobiliers, les matériels de transport et de service de l'administration.

Le 1er novembre 1903, il est nommé chef de bureau au cabinet du sous-secrétaire d'État, Alexandre Bérard, arrivé dix-huit mois auparavant en lieu et place de Mougeot. À ce poste de supervision, Marty apprend à faire fructifier une vision intégrale sur le fonctionnement de l'administration dont tous les sujets passent nécessairement par le cabinet du sous-secrétaire d'État.

Cette nomination est signalée dans un entrefilet de trois lignes dans le journal *Le Temps*. C'est la première mention médiatique du personnage Marty en pleine ascension professionnelle.

Arbre généalogique succinct des Marty

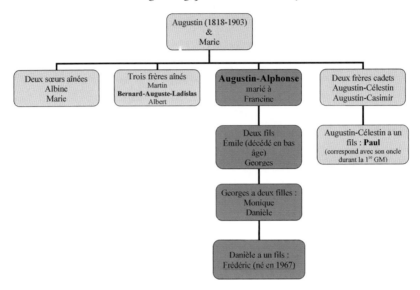

CHAPITRE III

Le temps de l'accomplissement professionnel

En intégrant le corps des inspecteurs généraux, Marty entre dans un cercle très fermé de hauts fonctionnaires auxquels étaient confiées des missions multiples. Par cette voie, il ne s'attend certainement pas au bouleversement d'une carrière civile qui avait pris une tournure traditionnelle, alors que les menaces sur la paix européenne pointent à l'été 1914.

I. À l'inspection générale, parmi l'élite des postiers

Le 1er septembre 1906, il est nommé à l'inspection générale des PTT. Pour Marty, jadis entré comme surnuméraire en 1880, c'est en quelque sorte l'aboutissement prestigieux d'un parcours dévoué. Marty répond en tout cas aux critères d'admission qui mentionnent l'obligation de compter 25 années de service afin d'y prétendre. De plus, il fallait qu'une place se libère parmi le sextet des postiers de ce rang : Marty remplace Monsieur Nazareth, parti à la retraite.

Au sein de ce groupe, il cohabite avec cinq collègues de même rang que lui, et fait *de facto* partie des dix personnages les plus importants des PTT. À l'origine, l'inspection générale fut créée pour répondre aux nouveaux enjeux de la maîtrise des services et d'une meilleure connaissance de ceux-ci sur le territoire, au sein d'un ministère prenant de plus en plus d'ampleur. Dès la création du ministère des Postes et Télégraphes en 1879, une première cellule, à savoir un service de contrôle dont l'action s'exerçait sur tous les services, fut instaurée, composée d'un directeur et de trois inspecteurs. En 1886, la réunion du service technique au service d'exploitation forme le comité des travaux dont les six inspecteurs rejoignent l'inspection générale du contrôle[87].

Suite au décret signé par le président de la République, Sadi Carnot, c'est le 5 juillet 1890 que Justin de Selves, directeur général

---

[87] Clauvaud, G., « L'inspection générale des Postes et Télécommunications », *Revue des PTT de France*, n° 1, 1978, p. 4-5.

des PTT, pose les principes de fonctionnement de ce corps d'élite[88]. Quatre circonscriptions administratives, avec à la tête de chacune un inspecteur et cinq adjoints en tout, sont mises en place dans une logique de surveillance géographique et transversale. En novembre, une marche arrière est opérée puisque les régions s'effacent, tout comme les adjoints : on augmente cependant le corps à six inspecteurs. Dans un contexte de guerre, les circonscriptions seront réintroduites en septembre 1916, pour répondre à l'envahissement du pays en lien avec les axes de transport ferroviaire.

Ils constituent le corps supérieur de contrôle de l'administration[89]. Sans dépendance hiérarchique sur le terrain, ne répondant qu'à l'administration centrale, ces hommes instruisent, surveillent, contrôlent, sous mandat du ministre, de même qu'ils proposent réformes, réorganisations ou autres sujets qu'ils croient utiles de l'en informer. Au-dessus de Marty se trouvent simplement le directeur général des PTT, le sous-secrétaire d'État et le ministre de tutelle (Commerce et Industrie).

Marty entre également de plain-pied au sein du conseil d'administration. Cet organe de gouvernance assiste le ministre sur toutes les affaires relevant de sa compétence. Il donne aussi son avis en tant que commission centrale d'avancement, sur la promotion des fonctionnaires.

L'inspecteur général peut être assimilé à un *missus dominicus* postal. Le ministre le missionne, le questionne, le dépêche et lui affecte des missions particulières dont il ne peut rendre compte qu'à lui seul. Dans ce cadre, l'inspecteur général enquête, interroge, instruit, propose en fonction des mêmes missions déterminées par le ministre en personne.

À cet égard, la presse nationale, entre 1908 et 1919, permet de faire un tour d'horizon de la diversité des interventions civiles de Marty en autant de missions variées[90].

II. Marty, ce « super agent » des PTT

Au cours de sa carrière comme inspecteur général, Marty a eu à intervenir à diverses occasions dont l'évocation ci-après donne à voir la très large sphère d'intervention.

---

[88] *Bulletin mensuel des Postes et Télégraphes*, juin 1890, p. 733-740.
[89] Clémentel, É., *Rapport au président du Conseil sur la réorganisation du service des Postes, des Télégraphes et des Téléphones, op. cit.*, p. 18.
[90] Consultation du fonds numérisé de la Bibliothèque nationale de France, Gallica.

Le technicien des réformes

C'est d'abord dans le cadre de la petite politique politicienne et de l'intrigue qu'il nous est donné de concrétiser le rôle d'envoyé spécial du ministre dévolu à Marty. Son nom est en effet évoqué et donc entendu dans l'hémicycle, à l'occasion d'un houleux débat parlementaire sur l'avancement des fonctionnaires à l'automne 1908[91]. Le député socialiste du Jura, Charles Dumont, s'en prend violemment au radical-socialiste, Julien Symian, sous-secrétaire d'État aux Postes, en l'accusant d'agir discrètement par l'entremise d'un émissaire spécial envoyé partout en région, pour faire passer des consignes : il s'agirait de freiner l'avancement et de faire baisser les volumes de promotion. Ce personnage de l'ombre, cet émissaire spécial mis en cause, ce n'est autre que Marty ! « Partout où passe M. Marty, les notes qui étaient parties des bureaux sont renvoyées, ou bien les chefs de brigade sont convoqués », évoque Dumont. L'inspecteur général voit sa défense prise par sa tutelle. Symian se défend de toute manigance, réaffirmant au passage que son subordonné est à la fois sous son autorité officielle et sa protection : « Jamais je n'ai donné d'instructions secrètes. L'inspecteur général Marty s'est toujours scrupuleusement conformé à mes instructions », avance le sous-secrétaire d'État.

Trois ans plus tard, Marty réapparaît à l'occasion de la formation professionnelle des postiers. Pur produit de la méritocratie républicaine, passé par les bancs de l'ENSPTT, il est épris de ce système et conscient de sa qualité. Il est chargé au début de l'année 1911 par le ministre des Travaux publics d'organiser des cours d'instruction professionnelle du personnel. Après une longue phase d'instruction, son projet est sur pied et il l'expose en février à M. Puech[92] : il touche à la réorganisation du cursus de qualification pour les surnuméraires, au recrutement des enseignants devant intégrer « neuf universités postales, télégraphiques et téléphoniques ».

À Paris, et dans certains centres régionaux des départements, des cours théoriques et pratiques sur les usages de la Poste, du télégraphe et du téléphone seront institués, que devront suivre obligatoirement tous les surnuméraires dès leur admission aux concours. Chaque cours durerait trois mois, pour les intéressés dans les trois matières. Les trois cours successifs s'achèveront par des examens de sortie. L'examen final donnera droit aux surnuméraires à la titularisation de surnuméraire. Qui n'aurait pu satisfaire à l'examen final pourra être admis à suivre une nouvelle série de cours. Si la seconde épreuve ne lui est pas favorable, il sera déchu de ses

---

[91] *Le Matin*, 24 novembre 1908.
[92] *Journal des débats politiques et littéraires*, 24 février 1911.

droits à la titularisation et donc, exclu de l'administration comme inapte. Les enseignants seront choisis par voie de concours.

Pour être admis, ceux-ci auront à satisfaire à une épreuve écrite de rédaction sur un sujet donné ; à justifier de leurs connaissances professionnelles dans la branche d'instruction choisie par eux ; enfin, à défendre, au tableau noir, une thèse face à un jury de hauts fonctionnaires devant juger de la « qualité de leur organe et de la valeur de leur méthode ». Des avantages particuliers seront accordés aux professeurs désignés en dernier ressort par le ministre. Neuf universités postales, télégraphiques et téléphoniques sont projetées, dont trois pour Paris et une à Bordeaux, à Dijon, à Limoges, à Lyon, à Toulouse et à Marseille. Si lesdites universités ne verront finalement jamais le jour, en tout cas pas du vivant de Marty[93], le concours du surnumérariat sera effectivement réformé par la suite.

Marty se retrouve sur le devant de la scène médiatique au printemps 1912 à l'occasion d'une réunion du conseil consultatif des PTT, sous la présidence de sous-secrétaire d'État, Charles Chaumet. Le journal *Le Rappel*, dans son édition du 1er mai 1912, évoque la diversité des sujets traités[94]. Marty a entre les mains l'épineux dossier de l'échange des correspondances entre Paris et Londres. L'opinion semble s'émouvoir de retard dans le sens Angleterre-France et aimerait que la levée soit retardée d'1 h 30 dans le sens inverse. Le conseil rend public le projet de création de bureaux de poste secondaires dans les halls des bâtiments où le public a accès : grands magasins, hôtels et banques. Il s'agit de rapprocher le service des usagers tout en désengorgeant les bureaux de poste parisiens. Le conseil lance une expérimentation visant à la fermeture des bureaux télégraphiques à certaines heures du dimanche, arguant de la volonté de s'intéresser au bien-être des agents en diminuant leur temps de travail.

Le représentant du ministre sur le terrain

Penseur de la compétence professionnelle et expert en convention postale internationale, Marty possède encore une double facette ; celle d'enquêteur de terrain et de redresseur des dérives commises par de hauts fonctionnaires. Sur ordre et délégation du ministre, il peut être amené à se déplacer partout dans l'Hexagone ; tel un *missus dominicus* carolingien, l'inspecteur général est le relais direct du ministre que ce dernier dépêche pour faire valoir son autorité pour résoudre les problèmes.

---

[93] C'est avec le changement de statut instaurant l'entreprise publique en 1991 qu'est créée la première université La Poste, à Orléans. Puis au XXIe siècle, chacune des branches de l'entreprise possède la sienne.

[94] *Le Rappel*, 1er mai 1912.

Le temps de l'accomplissement professionnel 59

En mars 1912, Marty est dépêché vers la proche Seine-et-Oise, où le receveur principal du département vient de disparaître en laissant un vide dans sa caisse[95]. Marty doit chiffrer le préjudice et enquêter sur les circonstances de cet abandon de poste.

Dans une autre affaire, deux ans plus tard, Marty est mandaté pour instruire le cas du sieur Bouguet, directeur des Postes du département de la Seine, admis à faire valoir ses droits à une pension de retraite à compter du 1er février[96]. Ce dernier était entré dans l'administration des Postes le 16 août 1874 et avait plus de quarante ans de service. Mais sa retraite est alors entachée d'une bévue. Tous les journaux s'étaient émus à l'époque que ce puissant haut fonctionnaire eût sollicité des offices postaux étrangers une collection de timbres en usage dans chaque pays. La Suisse n'ayant pas acquiescé à son désir et rapporté au ministre français le désir équivoque de ce fonctionnaire des Postes, Marty a été chargé d'une enquête dès le mois de janvier 1914 qui a finalement et rapidement abouti à la sanction de l'indélicat directeur[97].

À titre de dernier exemple, une troisième aventure rocambolesque survient pour Marty à la toute fin de septembre 1919. Ayant retrouvé son quotidien ordinaire d'inspecteur général après la période de guerre, il est envoyé à Limoges. Là-bas, il est chargé de vérifier les livres de la comptabilité de la recette principale, alors que 300 000 F semblent avoir été détournés par le receveur principal[98]. M. de Beaune de la Fragne a laissé une lettre à sa famille dans laquelle il déclare qu'il va se suicider après sa forfaiture. À la réception de cette lettre, son épouse, accourue dans la capitale du Limousin, saisit le parquet pour solliciter une perquisition. Dans une autre lettre, qu'il avait cette fois laissée à son bureau, M. de Beaune reconnaît lui-même un déficit de 300 000 F, mais ajoute qu'« on trouvera dans mon tiroir pour 200 000 F de valeurs », ramenant son découvert à 100 000 F. À l'endroit indiqué, on a, en effet, trouvé une liasse importante de titres que les magistrats ont aussitôt mise sous scellés. Si le fonctionnaire a annoncé son suicide, on le suppose cependant en fuite puisqu'il a été constaté qu'il a pris dans son bureau, en partant, une somme de 20 000 F. M. de Beaune avait joué à la Bourse et avait apparemment subi de sévères déconvenues. Marty assure le suivi de cette affaire avec les autorités judiciaires.

Avant cette ultime affaire dans le Limousin, Marty connaît un intermède militaire causé par la Première Guerre mondiale. Sa destinée prend une tournure inattendue.

---

[95] *Le Réveil postal*, 24 mars 1912.
[96] *Le Réveil postal*, 28 février 1914.
[97] *L'Ouest Éclair*, 25 janvier 1914.
[98] *Gil Blas*, 24 septembre 1919.

CHAPITRE IV

Le sauveur du système postal d'une France en guerre

Le personnage d'Augustin-Alphonse Marty prend de l'épaisseur dès lors que l'on se penche sur son œuvre majeure, celle pour laquelle il aurait dû passer à la postérité nationale. Ce civil est le haut fonctionnaire qui a permis d'éviter que le système postal français ne périclite avant la fin de l'année 1914.

I. Le fonctionnaire plénipotentiaire

La France, qui s'engage dans le conflit, n'est absolument pas prête, d'un point de vue postal en tout cas, à l'affronter. Mais les contemporains ne semblent pas alertés par les lacunes qui ne tardent pas à apparaître. La guerre de 1870 face à la Prusse sert d'étalon pour l'organisation de la Poste aux armées. Quarante ans plus tard, il s'avère que la nature du conflit, comme les conditions matérielles et socio-culturelles dans lesquelles évoluent les Français, ont été tellement transformées que les répercussions sur les Postes sont inattendues.

L'ascension d'un homme inattendu

Parmi ce contexte mouvant, la Poste aux armées, son organisation, ses mesures tarifaires et son système de contrôle, renaissent par décret dès le 3 août. Quant à la Poste civile, elle doit faire face au départ de ses agents mobilisés : 25 000 hommes sont concernés dès la première année et la moitié de ce chiffre en plus cumulativement pendant les cinq années du conflit, alors que ses services sont extrêmement sollicités par la continuité de service nécessaire à offrir à l'arrière.

Le journal *La Croix* du 5 septembre 1914 annonce que le service des PTT, dans l'enceinte du camp retranché de Paris, a été placé sous l'autorité de l'inspecteur général Marty. Initié et armé dès la mobilisation d'août, ce vaste dispositif de défense encercle la capitale dans un rayon de 30 km. À ce moment-là, l'armée allemande mène une avancée vers Paris, à laquelle la bataille de la Marne, du 5 au 12 septembre, met fin.

Cette progression des Allemands a contribué à faire fuir l'autorité de tutelle, comme beaucoup d'autres du reste. Alors que l'ensemble des services du ministère, de l'Industrie et du Commerce, et de son sous-secrétariat, est expatrié à Bordeaux, Marty reste présent dans la capitale. Il possède une délégation de pouvoir de fait. C'est certainement au titre de cette présence comme personnage référent du ministère, qu'il est nommé par décret du 2 septembre 1914, signé par le ministre des PTT, Gaston Thomson, « ordonnateur secondaire du ministère du Commerce, de l'Industrie, des Postes et des Télégraphes[99] ». Cette désignation explique peu clairement l'importance de ses nouvelles attributions. Mais on devine entre les lignes, et par le fait qu'il lui est accordé par délégation la gestion d'une énorme dotation budgétaire atteignant 41 millions de francs [presque 400 000 euros actuels], que Marty est promu patron des PTT dans Paris, prête à se défendre face à l'envahisseur allemand[100].

C'est cependant à l'échelle de tout le territoire que la Poste semble mise sur le gril au début d'octobre 1914. Le président de la République, Raymond Poincaré en personne, s'émeut le 6, lors d'un déplacement dans la Marne à Jonchery-sur-Vesle : « Je me renseigne sur la manière dont fonctionnent les services sanitaires et la correspondance postale, à propos desquels je continue à recevoir des plaintes quotidiennes. Il y a des améliorations sensibles, mais que d'irrégularités encore et que de lacunes ![101] ». Cette déclaration révèle clairement un mouvement dans l'opinion publique qui cloue au pilori la désorganisation totale du service postal : les branches, civile et militaire, sont mises dans le même sac sans aucune distinction.

Le nouveau patron d'une organisation remodelée

C'est dans ce contexte d'absence de lisibilité sur les raisons profondes du malaise postal, que Marty prend les rênes d'une organisation mise sur la sellette depuis de nombreuses années.

Douze ans avant l'ouverture du conflit, le ministère de la Guerre avait réorganisé les services postaux par le décret du 25 mars 1902 au sein du service de la trésorerie et des postes militaires, dépendant de la direction de l'Arrière. À aucun moment, l'administration des Postes civiles n'y est mentionnée. L'ouverture du décret est même totalement

---

[99] CAC 19860207 : « décret de Gaston Thomson » », 2 septembre 1914.
[100] *Journal officiel de la République française. Lois et décrets*, 3 septembre 1914, p. 7842.
[101] Poincaré, R., *Au service de la France. Neuf années de souvenirs*, t. V, *L'invasion, 1914*, Paris, Plon, 1929, p. 361.

exclusive la concernant : « Art. 1ᵉʳ le service de la trésorerie et des Postes aux armées est confié à des agents des Finances préposés à l'exécution simultanée de ces deux services. Ces agents ne forment qu'une seule et même administration[102] ».

Guerre et Finances ont la main. Quant à la direction générale des Postes, elle se doit « d'assurer par ses propres moyens le service postal jusqu'aux stations – têtes d'étapes de guerre établies en exécution du règlement du 1ᵉʳ juillet 1874[103] ».

C'est donc un texte administratif âgé de quarante ans, hérité du conflit franco-prussien, qui régit l'interconnexion entre Postes civile et militaire.

En 1907 et 1912, deux projets de loi déposés par le ministre de la Guerre visant tout simplement à confier le service postal militaire à des postiers en séparant Trésorerie et Postes, se fossilisent vainement, victimes du jeu parlementaire entre Assemblée nationale et Sénat. En août 1914, le service de la Poste aux armées s'apprête donc à fonctionner dans une situation ubuesque : elle est à la fois identifiée comme devant être réformée, pour ses méthodes datées, et très fortement mise en doute par l'état-major lui-même, par deux ministres et par certains députés !

À tel point que cet apparent manque de précision dans l'organisation, semble avoir fait son nid au sein de l'Armée. En effet, celle-ci enseigne à ses gradés le fonctionnement de son intendance générale sans éviter l'extrême complexité du sujet postal. Au gouvernement militaire de Paris, l'école d'instruction des officiers de compléments du service d'état-major organise régulièrement des conférences. Dans celle du 26 décembre 1913, la leçon porte sur « la trésorerie et les postes » militaires et se conclut comme suit : « Le service Trésorerie et Postes s'occupe donc de deux questions dissemblables, d'où l'idée d'une dissociation possible. La loi est déposée, mais pas votée... donc elles opèrent encore ensemble[104] ». Ce constat est partagé par l'état-major. Trésorerie et Postes voisinent et se superposent au sein de l'intendance, alors que tout semble les différencier dans leur fonctionnement. La première doit alimenter les caisses de l'armée ; la seconde a pour but d'acheminer les lettres qui viennent de l'intérieur du pays et de lui faire parvenir en retour celles émanant des troupes.

---

[102] *Bulletin officiel du ministère de la Guerre, Service de la trésorerie et des postes aux armées*, Paris, Chapelot, 1904, p. 4.
[103] *Ibid.*, p. 15.
[104] BDIC, Gouvernement militaire de Paris, école d'instruction des officiers de compléments du service d'état-major, « Trésorerie et Postes », conférences d'état-major, 4ᵉ conférence, 26 novembre 1913, p. 13-20.

Dans la même leçon dispensée par l'école, on décèle la légèreté désarmante avec laquelle l'orateur décrit froidement aux élèves-militaires la façon dont la Poste militaire devrait fonctionner en cas de crise :

> Il y a donc une série d'opérations successives qu'il faut envisager et qui expliquent certains retards inévitables dans la remise de la correspondance. Il s'agit de créer autant que possible chaque jour un contact entre le service postal divisionnaire et les corps de troupe, un autre contact entre ce même service divisionnaire et le service du corps d'armée, et enfin, un troisième contact entre le service du corps d'armée et le service des étapes à la gare de ravitaillement. Suivant que nous serons en marche ou en station, nous opérerons au mieux des circonstances…

L'expression « nous opérerons au mieux des circonstances » ne correspond guère à la rigueur militaire attendue. Elle laisse en tout cas planer beaucoup d'incertitudes et d'impréparations techniques face aux aléas.

Celles-là même sont liées à de nouvelles conditions d'un conflit mal cernées, qui mènent Marty au poste de « chef du service postal aux armées ». Tout se déroule vite. Le 18 novembre, il est extrait des cadres civils. Le lendemain, 19 novembre, par un décret signé en Conseil des ministres exilé à Bordeaux, il est nommé auprès de Joffre au GQG avec le grade de général de division et le rang de payeur général des Armées[105]. Il prend la tête d'une inspection générale technique du service postal militaire créée pour l'occasion. Il détient un rôle de coordination et de surveillance du service sur tout le territoire. Taillé à la mesure de Marty, ce nouveau service est intégré à la direction de l'Arrière[106]. Le général Édouard Laffon de Ladebat occupe ce poste jusqu'à l'arrivée de Marty. Dans le cadre de cette grande réorganisation, il est limogé par Joffre, qui le remplace par le colonel Camille Ragueneau avec les attributions de chef d'état-major de la direction de l'Arrière jusqu'en mai 1917. En plus de ces deux autorités hiérarchiques l'une envers l'autre auprès desquelles il doit rendre compte, Marty est également soumis à l'autorité du ministre de la Guerre pour l'activité postale militaire qui concerne la zone de l'intérieur.

Le 20 novembre, *La Croix* et le *Journal des débats politiques et littéraires* confirment le scoop de *L'Ouest Éclair* en mentionnant la nomination du « civil » Marty comme nouveau chef du service postal aux armées. *Le Petit Parisien* affine encore la précision des transformations qui se déroulent jour

---

[105] *L'Ouest Éclair*, 19 novembre 1914.
[106] « Comment fonctionne la Poste aux armées ? Une interview de M. Louis Deshayes, rapporteur de la commission des Postes », *Le Petit Parisien*, 3 mai 1915.

après jour[107]. Le quotidien laisse transparaître la surprise et le caractère très exceptionnel de ce qui se déroule alors pour présider au changement au sein du service postal militaire :

> Les services postaux aux armées sont passés des mains des militaires qui les détenaient depuis le début de la guerre, à celles des fonctionnaires des Postes mobilisés. On sait que la direction générale de cet important organisme a été confiée à M. Marty, inspecteur général des Postes, avec le grade de général de division. Ce fonctionnaire sera attaché, à ce titre, au quartier général de l'armée. De même, la direction du bureau central militaire de Paris qui, depuis deux mois, était exercée par un lieutenant-colonel de l'état-major, est également confiée à l'inspecteur général des Postes.

La situation de ce haut fonctionnaire civil damnant le pion aux militaires dans un temps de crise extrême, nous donne à voir la façon dont Marty est perçu par les autorités. Il fait l'unanimité autour de lui, possédant le profil pour sauver la situation. De lui, le député de l'Oise, Louis Deshayes, dira d'ailleurs quelques mois plus tard qu'il est reconnu comme « un technicien de valeur, ayant fait ses preuves », selon ses propres mots[108].

Les deux textes qui ont changé la face postale de la guerre

Le rapport au président de la République française

Bordeaux, le 18 novembre 1914

Monsieur le Président,

La complexité croissante du service de l'acheminement de la correspondance en temps de guerre et la nécessité de relier le service postal militaire de l'intérieur du territoire avec celui de la zone des armées ont amené nos départements respectifs à penser qu'il y aurait les plus grands avantages à confier à un haut fonctionnaire de l'administration des Postes ayant, dans le service de la trésorerie et des postes aux armées organisé par le décret du 24 mars 1977, rang de payeur général et détaché au grand quartier général, un rôle de coordination et de surveillance technique du service postal militaire sur l'ensemble du territoire.

Il convient toutefois de maintenir intact le principe essentiel de la subordination des services au commandement tel qu'il a été posé par la loi du 16 mars 1882 sur l'administration de l'armée et précisé par le décret sur le service des armées en campagne du 2 décembre 1913.

---

[107] *Le Petit Parisien*, 23 novembre 1914.
[108] Deshayes, L., « Rapport sur le fonctionnement de la Poste aux armées », *Chambre des députés*, n° 1017, juin 1915, p. 82.

En conséquence, pour réaliser les perfectionnements que l'expérience a démontrés nécessaires et respecter en même temps le principe qui vient d'être rappelé, les attributions du payeur général envisagé doivent être définies ainsi :
Il exercera le contrôle général de l'exécution de toutes les opérations postales depuis le départ des correspondances jusqu'à leur destination. Dans la zone de l'intérieur, il aura l'inspection, au point de vue technique, des bureaux centraux militaires, des bureaux des gares de rassemblement, des bureaux-frontières et des trains journaliers circulant entre ces deux derniers organes. Dans la zone des armées, il exercera le même contrôle sur les bureaux de payeurs, en ce qui concerne l'acheminement des correspondances.
Ainsi placé sous la double autorité du ministre de la Guerre pour la zone de l'intérieur, du général en chef et du directeur de l'Arrière pour la zone des armées, il rendra compte à chacune de ces autorités des imperfections qu'il aura pu constater et leur soumettra les améliorations qui lui paraîtront nécessaires.
Sa situation auprès du général en chef lui permettra d'être tenu journellement au courant des modifications que les événements militaires apportent dans la position des corps de troupes, des états-majors et des services dans la zone des armées ; il recevra d'une section spéciale de statistique, qui fonctionne déjà au grand quartier général, tous les renseignements utiles à ce sujet et donnera à chaque bureau-frontière les instructions techniques nécessaires pour l'acheminement régulier des correspondances. En outre, et pour les mêmes raisons, étant donnée l'importance des bureaux centraux militaires déjà établis actuellement à Paris et Marseille, il convient de placer à la tête de ces bureaux des fonctionnaires de l'administration des Postes, appartenant au service de la trésorerie et des postes aux armées, et disposant d'un personnel prélevé sur les sections postales instituées par décret du 6 novembre 1914.
Ces payeurs, chefs des bureaux centraux, seront tenus au courant des modifications apportées à l'emplacement des troupes par des officiers désignés par le ministre de la Guerre et renseignés eux-mêmes par la section spéciale de statistique du grand quartier général.
Si vous approuvez cette manière de voir, nous avons l'honneur, Monsieur le Président, de vous prier de bien vouloir revêtir de votre signature le présent décret. Veuillez agréer, Monsieur le Président, l'hommage de notre respectueux dévouement.
Le ministre du Commerce, de l'Industrie, des Postes et Télégraphes

Le ministre des Finances

Le ministre de la Guerre

Le décret du 18 novembre 1914

Art. 1 Un agent supérieur de l'administration des Postes ayant rang de payeur général est placé auprès du général commandant en chef le groupe des armées du Nord-Est. Ses attributions sont celles d'un inspecteur général

technique. Il coordonne et surveille au point de vue technique le fonctionnement général du service postal militaire dans l'ensemble du territoire. Il est placé sous l'autorité du général en chef et du directeur de l'Arrière pour la zone des armées, et du ministre de la Guerre pour la zone de l'intérieur. Il rend compte à ces autorités des imperfections constatées et propose les améliorations qu'il juge utiles pour le bon fonctionnement du service. Il donne communication, par l'intermédiaire du ministre de la Guerre, au ministre des Postes, des rapports qu'il adresse sur ces questions aux dites autorités.
Art. 2 Un fonctionnaire de l'administration des Postes, appartenant au cadre des payeurs du service de la trésorerie et des postes aux armées, lui est adjoint.
Art. 3 Des payeurs, choisis dans l'administration des Postes, sont placés à la tête des bureaux centraux militaires.
Art. 4 Tous les renseignements concernant les emplacements des troupes et les modifications apportées à ces emplacements seront fournis aux payeurs prévus par le présent décret par une section spéciale de statistique fonctionnant au grand quartier général et des officiers détachés par le ministre de la Guerre aux bureaux centraux militaires.

Source commune : « Décret précédé d'un rapport sur la nomination d'agents supérieurs de l'administration des Postes aux armées », *Bulletin officiel du ministère de la Guerre. Édition chronologique*, 1914, vol. 2, p. 1630-1633.

Marty, l'homme providentiel ?

Entre la déclaration alarmiste de Poincaré et la nomination de Marty au GQG, il s'écoule un mois et demi. Comment a-t-on alors pu passer d'un constat d'échec systémique à la désignation d'un homme pour engager de profonds changements ? Quelles ont été les décisions qui ont présidé au fait que ce haut fonctionnaire finisse par cumuler la fonction d'inspecteur général au GQG et le grade de payeur général dans l'intendance militaire ?

Hormis ce cursus administratif qui fait de Marty un indéniable gage de bon fonctionnement postal, rien ne le prédestinait à « faire » cette guerre, pas même à y contribuer magistralement depuis l'arrière. Son âge, il a 52 ans révolus en 1914, en fait un citoyen non mobilisable dans les forces combattantes. Son métier et son grade d'inspecteur général lui auraient certainement fait espérer une place sereine comme rond-de-cuir à l'abri des tumultes du conflit.

Lorsqu'il s'agit de travailler aux solutions, le directeur de l'Arrière envisage au tout début novembre 1914 de s'adjoindre un conseiller technique du service postal. Il s'agirait de résoudre sans retard les questions communes aux départements de la Guerre et des Postes, et d'accentuer le contact nécessaire entre les agents civils et le personnel militaire[109]. Suggérant un profil au ministre, il désigne celui d'un postier qu'il serait envisageable d'extraire de l'administration des Postes. Sous-chef de bureau à la direction de l'Exploitation postale du ministère, donc proche collègue de Lacroix, un certain Jean Tromeur est désigné[110]. Ayant connu des débuts rapides comme commis puis rédacteur à l'administration centrale, il semble avoir retenu l'attention, notamment en raison de ses anciennes fonctions de payeur lors de son passage sous les drapeaux. Se dégage là une logique dans le profilage d'experts pour occuper ces fonctions. Moins de trois semaines avant sa nomination, Marty n'était *a priori* pas le premier choix dans l'esprit des décideurs.

Comment ce dernier est-il donc sorti du chapeau ? Dans la recherche publiée en 2004[111], il est mentionné que Marty aurait fait parvenir un rapport en date du 5 novembre, au ministre Gaston Thomson, celui-là même qui l'avait nommé moins de deux mois plus tôt à la tête des Postes dans Paris retranchée. Ce document contiendrait l'intégralité de la pensée réformatrice de Marty. Cette assertion, non référencée par une cote d'archive précise, n'est malheureusement pas vérifiable parce qu'aucun document n'a été clairement identifié comme tel dans les archives. Ce dont on a connaissance en revanche, c'est d'une note du 6 novembre sur le fonctionnement du service postal des armées, signée Laffon de Ladebat. Il y expose les pistes de changements nécessaires pour que le service soit réformé, dans le sillage de la remontée de comptes rendus :

> [d'une] étude nécessaire [qui] commence seulement à se faire au central militaire sous la direction de Monsieur l'inspecteur Fauchereau qui vient d'accomplir dans ce but un stage d'un mois au GQG ; elle se continuera dans les bureaux-frontières sous la direction des inspecteurs des Postes, commissaires postaux régulateurs, qui depuis un mois, ont été en mesure de suivre jour par jour l'ordre de bataille de l'armée[112].

Marty compte-t-il parmi les « inspecteurs des Postes » évoqués ? L'un de ses rapports a-t-il eu plus d'échos que ceux commis par ses confrères ?

---

[109] SHD 7N2073 : organisation, personnel, fonctionnement, amélioration au début de la mobilisation, gares de rassemblement, bureaux-frontières, franchise postale et envoi de colis gratuits : service postal des armées alliées et ennemis, « Note de Laffon de Ladebat au ministre de la Guerre », novembre 1914.

[110] Arch. nat., F90 20529 : TROMEUR Jean, né le 18/10/1864.

[111] Hypothèse de recherche puisque ce rapport n'a pu être retrouvé lors de nos enquêtes. Texte cité dans Le Ber, A., Schepens, N., *Le rôle de la Poste au cours de la Première Guerre mondiale*, op. cit., p. 33.

[112] SHD 7N2073, « Note sur le fonctionnement du service postal aux armées », 6 novembre 1914.

Le sauveur du système postal d'une France en guerre 69

Sa position à la tête des Postes parisiennes a-t-elle fini par convaincre les autorités qu'il était le plus à même de remplir une mission nationale d'ampleur ? Assurément, il nous manque le moment, le document ou bien la discussion qui sous-tendent la prise de décision paroxystique et livrent les raisons désignant Marty comme l'homme de la situation.

Augustin-Alphonse Marty, en uniforme de payeur général des Armées (portant sa décoration d'officier de la Légion d'honneur, reçue en 1913)

Source : fonds privé, Michel Roussel

II. Le tableau postal d'une France paralysée

En arrière-plan des changements qui sont en train de s'amorcer, se trouve la scène postale nationale qui apparaît au bord du précipice.

Un ébranlement aussi soudain qu'inévitable

La crise du courrier survient effectivement en septembre 1914. Les circuits d'acheminement sont engorgés des lettres suscitées par la séparation des familles ; les retards s'accumulent ; les correspondances n'arrivent que difficilement à leurs destinataires alors que le front est sans cesse en reconfiguration lors d'une première phase de guerre de mouvement jusqu'à la fin du moins d'octobre[113]. On estime qu'il faut une semaine à dix jours pour que les lettres montent au front et y trouvent destinataire, *idem* pour celles qui en repartent, en fonction des déplacements de troupes et de la disponibilité des trains. À ce contexte postal sous tension, s'ajoute celui militaire et humain morbide. Les pertes de l'armée atteignent le total de 455 000 victimes à la fin de novembre[114]. Le service des Postes lui-même a payé un fort tribut à la défense nationale. Depuis le 1er septembre 1914, six classes de sous-agents sont mobilisées et plus de 500 facteurs sur les 1 500 qui vont perdre la vie au total sont déjà morts au champ d'honneur[115]. À l'échec militaire comme au drame humain qui l'accompagne, ne peut être toléré que s'ajoute une faillite morale accablante que viendrait causer un dysfonctionnement postal généralisé.

Les services frôlent alors l'asphyxie. La situation semble si grave qu'elle nécessite une tournée d'inspection diligentée dans l'urgence par le général directeur de l'Arrière, Laffon de Ladebat, auprès de Joffre. Ce dernier y affecte le général Henri Lachouque, qui se trouve disponible suite à une blessure précoce reçue lors des premiers combats[116]. Il est envoyé sur le

---

[113] Audoin-Rouzeau, S., Becker, A., *Retrouver la guerre*, Paris, Gallimard, 2000.
[114] *Id.*, *La Grande Guerre, 1914-1918*, Paris, Gallimard, 1998.
[115] Sénat, documents parlementaires, « Rapport fait au nom de la commission de l'armée chargée d'examiner la proposition de loi adoptée par la Chambre des députés, tendant à assurer la juste répartition et une meilleure utilisation des hommes mobilisés ou mobilisables, par M. Henry Chéron, séance du 29 juillet 1915 », p. 171.
[116] Général Marie-Georges Henri Lachouque (†1928). Général de division depuis décembre 1904, il est nommé chef des étapes de la 9e armée de Foch en septembre 1914, puis quelques jours plus tard, inspecteur du service de la Poste aux Armées. Relevé en octobre 1914, il sera nommé, de janvier 1915 à décembre 1916, président de la commission de classement aux emplois réservés.

terrain du 19 au 25 septembre 1914[117]. Les gares régulatrices du Nord-Est que sont Gray, Creil, Le Bourget, Troyes, Chaumont, Noisy-le-Sec, plus d'autres nœuds de correspondance, sont visitées. Ailleurs, à Tours par exemple, il trouve 2 000 sacs de dépêches laissés en souffrance en gare. Sur la ligne de front sans cesse changeante, plusieurs états-majors eux-mêmes n'ont pas été desservis depuis plusieurs jours[118].

Les débats enflammés de l'opinion publique sont alimentés par la presse. Les deux plumes les plus acérées sont celles d'Henry Bérenger et de Francois Nohain, dénonçant de surcroît l'inefficacité du mélange des genres professionnels. S'exprime d'abord un sentiment d'incompétence notoire. Le journal *Le Temps* du 7 novembre reprend ainsi : « Il semble bien que le service du Trésor et des Postes, où les spécialistes des PTT ne sont qu'une faible minorité par rapport aux agents de l'administration des Finances, se montre aussi peu apte que possible à assurer la besogne postale dont il est chargé […][119] ».

Dans *Paris-Midi*, le 14 novembre 1914, le premier signe un article dont le titre résume parfaitement le propos, « Chacun son métier » :

> Le service postal aux armées n'est pas assuré par des employés des Postes, mais par des agents des Finances. Ces agents des Finances sont habillés en vert et ont des foudres d'or sur galons d'argent. Ils deviennent sous-lieutenants en vingt-quatre heures, capitaines en deux jours, lieutenants-colonels en une semaine. Ils forment l'état-major du « Trésor et Poste aux armées ». Grâce à eux, les postiers sont mobilisés chez les percepteurs et les sacs de correspondances s'entassent méthodiquement dans les gares régulatrices […] Pour faire parvenir nos lettres à nos soldats et recevoir les leurs, il faut rendre la Poste aux postiers et les trésoriers au Trésor. Chacun son métier et chacun sa place […] Que le gouvernement responsable remette les agents des Postes au tri des courriers et les agents du Trésor dans les rangs de l'active. Ce sera peut-être moins sélect que d'être habillé en vert et galonné d'argent, mais vous verrez tous ces foudres d'or arriveront en foudres de guerre aussi vite sur le front que la correspondance postale même ! Et tout sera bien qui aura bien fini…[120]

---

[117] SHD 16N2701, « Rapport du général Lachouque au général de division Laffon de Ladédat, directeur de l'Arrière et responsable de l'état de fonctionnement de la Poste aux armées », 1er octobre 1914.

[118] SHD 5N93 : à Chalons, l'état-major ne reçoit rien pendant douze jours consécutifs en octobre 1914 alors que les troupes stationnées reçoivent leurs correspondances, « Télégramme au ministre de la Guerre et au ministre des Postes et Télégraphes », du 26 octobre 1914.

[119] *Le Temps*, 7 novembre 1914.

[120] *Paris-Midi*, 14 novembre 1914. L'article premier de la loi du 13 mars 1875 fait des « payeurs aux armées » des éléments d'active. Des payeurs aux armées à ne pas confondre avec les officiers payeurs qui sont des éléments de la troupe. Leur uniforme

La polémique ne se fait pas que de posture partisane. Il semble bien exister un problème de compétences pour exercer cette tâche si compliquée affectée au courrier. Le sentiment d'une « erreur de casting » manifeste semble de plus en plus partagé à l'arrière.

Dans un autre article[121], ce même journaliste n'hésite pas à traiter d'« embusqués », les fonctionnaires du Trésor qui semblent surtout courir après les promotions et éviter le combat en exploitant leur position et leurs relations :

> Il paraît que, parmi les jeunes agents des Finances ainsi embusqués dans le service postal militaire, on rencontre des commandants qui ont vingt-sept ans, des colonels qui ont trente ans, etc., et tous en uniformes flambants neufs, s'il vous plaît ! Pourquoi pas un général de vingt-huit ans, quelque Bonaparte de l'inspection des Finances, avec les trois étoiles. Après les « payeurs aux armées », promus sur place, avons-nous maintenant les « financiers postaux » qui se donnent du galon sur le dos du public ?

D'autres journaux préfèrent développer des positions plus constructives en évitant la stigmatisation gratuite. Ainsi, *Le Temps*, toujours lui[122], propose d'affecter les centaines de postiers des régions du Nord qui n'ont plus de travail, à cause de l'occupation allemande, au tri des correspondances militaires : le bon sens voudrait qu'on utilise leurs compétences techniques dans ce travail qui demande tellement de pratique usuelle.

La menace d'une faillite morale

Sur ce ferment de désordre et d'incompétences diverses relayés par de nombreuses voix, s'esquisse dans l'imaginaire national le sentiment d'une angoissante expectative. Si les dysfonctionnements de la chaîne du courrier provoquant les pires émois à la fin de l'été 1914, agitent la presse, la sphère politique et l'opinion publique, c'est d'abord à travers les mots des Français qu'on le ressent. En effet, à la base, cette inquiétude s'exprime quasi invariablement dans les lettres datées de cette période. Parmi les nombreux fonds de correspondances[123], édités ou non, on compte à foison

---

est vert avec deux bandes noires à la culotte et broderies de feuilles de chêne argentées au collet et au képi. Voir l'article « Trésor et Postes », *Larousse mensuel*, n° 104, 1915, p. 573-574. Reproduit dans F90 20 432.

[121] *Paris-Midi*, 21 octobre 1914.
[122] *Le Temps*, 7 novembre 1914.
[123] Citons seulement, parmi les éditions soutenues par la fondation d'entreprise La Poste : Campa, L. (éd.), *Je pense à toi mon Lou. Poèmes et lettres d'Apollinaire à Lou*, Paris, Textuel, 2007 ; *id.*, *Louis Kremer, Lettres à Henry Charpentier (1914-1918). D'encre de fer et de feu*, Paris, La Table Ronde, 2008 ; Secrétan, T., *1914-1918, Le temps de nous*

ces témoignages d'angoisse, d'incompréhension interdite, voire de révolte, auxquels les Français cèdent régulièrement durant les six premiers mois du conflit.

Il est extrêmement rare de ne pas trouver, le plus souvent placée parmi les premières lignes des lettres, comme une sorte d'« éphéméride postale » : elle fait systématiquement le point de façon plus ou moins longue sur l'état des échanges entre les deux correspondants, voire au sein d'un cercle plus large ; elle dresse l'état calendaire de ce qui a été envoyé, reçu, retardé ou ajourné ; elle relate ce qui a ou aura été placé dans une précédente ou future lettre, à savoir un billet de banque, un mandat ou une photo, ou alors expédié précieusement dans un paquet-poste concomitant comme des cigarettes, du chocolat, quelques victuailles du terroir ou de petits accessoires vestimentaires tels une paire de gants ou une écharpe.

Hommes au front ou familles à l'arrière, c'est toute la population qui semble chercher à briser le silence assourdissant de l'absence de nouvelles des proches. Depuis Chaumes, le 5 septembre 1914, Mériem Résal interpelle son frère Salem, parti pour combattre : « Où es-tu, que deviens-tu ? Si nous pouvions le savoir ! Pas de nouvelles de toi depuis le 18 août ![124] ».

Au fil des longues lignes d'écriture accumulées lors de ces premiers mois, les Français conjecturent, s'interrogent et ressassent afin de trouver une explication, une cause, un coupable à ces déraillements de la voie postale. À qui la faute est-elle imputable ?

Au facteur, dont toutes les femmes de France guettent le passage quotidien et qui, régulièrement, voit ses horaires habituels largement dépassés, voire sa tournée parfois déréglée dans son rythme hebdomadaire ?

---

aimer, Paris, La Martinière, 2012 ; Collectif, *Lieutenant dans les tranchées à 19 ans. Henri Sentilhes, lettres à ses parents 1915-1916*, Rouen, Point de vues, 2013 ; Bernard, M. (préf.), *Correspondance Maurice Genevoix et Paul Dupuy, 28 août 1914-30 avril 1915*, Paris, La Table Ronde, 2013 ; Allorant, P., Résal, J., *Femmes sur le pied de guerre – Chronique d'une famille bourgeoise 1914-1918*, Paris, Les Presses Universitaires du Septentrion, 2014 ; Brancy, P.-Y., *Romain Rolland – Stefan Zweig Correspondance 1910-1919*, Paris, Albin Michel, 2014, t. I ; Chémery, F., *Alphonse et Marguerite. Un amour épistolaire dans la tourmente de la Grande Guerre*, Paris, Courrier du Livre, 2014 ; Sabiani, J. *Correspondance de guerre et témoignages. L'été de Charles Péguy*, Paris, Amitié Charles Péguy, 2014 ; Vidal-Naquet, C., *Correspondances conjugales 1914-1918, Dans l'intimité de la Grande Guerre*, Paris, Robert Laffont, 2014 ; Cazals, R. (préf.), *Saleté de guerre ! Correspondance 1915-1916 de Marie-Louise et Jules Puech*, Maisons-Laffitte, Éditions Ampelos, 2015.

[124] Fonds Résal, « Mériem à Salem, Chaumes », 5 septembre 1914. Mise à disposition par Laurent Véray.

Aux correspondants eux-mêmes, parce que les coordonnées postales ne seraient pas précisément renseignées sur les courriers ?

Aux militaires, parce que la censure, dont tout le monde sait qu'elle rode, met tant de zèle à bloquer les dépêches en gares ou bien dans les bureaux du contrôle postal ?

Aux « boches », ainsi qu'on les nomme, parce que leurs assauts mettent littéralement en quarantaine postale tout une zone géographique d'où ne sort ni ne rentre aucun sac de dépêches ?

Il s'agit de trouver un coupable, comme une expiation à l'insupportable attente, afin de se conforter sur le fait que tôt ou tard, le courrier finira bien par arriver.

Car c'est bien ce phénomène de l'attente qui se répand de façon unilatérale. Il vient s'ajouter à la litanie des souffrances de l'âme, telles que l'ennui ou la peur, dont les soldats sont surtout affligés et à propos desquelles ils n'hésitent pas à s'épancher[125].

À cette attente, tous les correspondants y semblent être inévitablement exposés, à un moment où un autre de cette période de tension, qui affecte les acheminements postaux de façon irrégulière et insoupçonnable par eux.

À travers les mots de Marinette qui multiplie les « SOS » angoissés à destination de son mari, Baptiste, est livré l'ensemble des composantes de ce nouveau mal qui afflige en masse : « Voilà déjà treize jours que nous n'avons pas eu de tes nouvelles, je venais te demander ce qu'il t'est arrivé, si tu es malade ou blessé. Écris-nous sitôt que tu le pourras. Je te réponds que nous sommes dans tous les états et surtout sans nouvelles », ou encore le 28 septembre :

> [...] voilà déjà quatorze jours que nous n'avons pas de tes nouvelles et je te réponds que nous languissons beaucoup. Sache me répondre si tu le peux ce qu'il t'est arrivé car je te réponds que quand on voit passer le facteur et que tout le monde reçoit des nouvelles sauf nous, cela nous décourage complètement. Honoré a écrit hier. Il nous dit qu'ils ont eu quelques jours de repos après une longue fatigue. Et toi que fais-tu ? Écris-nous le plus tôt possible. Je ne sais si ça dépend des postes ou de toi[126].

Le lien marital, l'amour entre un homme et une femme séparés et menacés par les dangers de la guerre, amplifie très notoirement ce vif ressenti vis-à-vis de l'attente[127].

---

[125] Anton, S., « Les lettres du "poilu" Louis Destouches », *Épistolaire*, n° 42, 2016, p. 124.
[126] Cité dans Delaurenti, B., « Lettre du 23 avril 1915 » », *Lettres de Marinette 1914-1915*, Paris, Éditions Orizons, 2017.
[127] Voir Vidal-Naquet, C., *Correspondances conjugales 1914-1918, op. cit.*

Cette absence d'éléments tangibles et rationnels auxquels se raccrocher, provoque un glissement inattendu concernant l'« attente », son ressenti et son interprétation[128]. Durant les décennies précédentes, le mot était accolé de façon préférentielle à la sphère religieuse, concernant le Messie ou le Purgatoire[129], ou bien agricole, en lien avec le temps des moissons. De fait, il se trouvait auréolé d'une signification sinon positive, du moins neutre, et d'une exposition sereine reposant sur une confiance que l'événement surviendrait. Sous l'effet de la guerre qui s'annonce plus longue que prévu, le mot fait à cette occasion une entrée inattendue et péjorative dans le champ de l'activité postale. Jusque-là, il n'y avait pas été tant exposé que cela pour deux raisons : un nombre modéré de correspondants et des voies d'acheminement certes peu optimisées mais pas saturées. Au mot « facteur » est désormais très clairement associé celui d'« attente », comme semble l'induire, depuis La Baule, Marguerite Tailliez, dans une lettre du 6 mars 1918 qu'elle envoie au soldat Robert Chémery, son amoureux : « Je n'ai pas vu le facteur aujourd'hui, encore toute une journée à attendre pour avoir une lettre ![130] ».

Amplifié par le caractère très incertain de l'acheminement, le terme « attente » semble revêtir désormais une nouvelle dimension : elle s'habille d'une crispation, d'une impatience difficilement irréfrénable et d'une confiance érodée en la Poste, sans aucune distinction d'appartenance institutionnelle, civile ou militaire.

Des premiers changements effectifs avant Marty

Le nouveau patron de la Poste militaire s'inscrit dans un processus, qu'il va amplifier, de changements déjà engagés par les politiques et les militaires.

Dès la fin septembre 1914, le président du Conseil, René Viviani, et le ministre de la Guerre, Alexandre Millerand, qui connaît bien les PTT pour les avoir dirigés six ans auparavant, tentent de parer au plus pressé. Ils décident d'affecter quarante à cinquante voitures automobiles postales civiles pour apporter le courrier vers les troupes depuis les gares régulatrices et y ramener celui produit. Une analogie assez forte peut être faite entre ces véhicules postaux civils qui permirent de désengorger les voies d'acheminement militaire des dépêches et les « taxis de la Marne » acheminant des renforts pour stopper l'avancée de l'envahisseur.

---

[128] Delaurenti, B., « Dire et vivre l'attente (1914-1915) », *Sigila*, n° 37, 2016, p. 119-127.
[129] Le Goff, J., « L'attente dans le christianisme : le Purgatoire » », *Communications*, vol. 70, n° 1, 2000, p. 295-301.
[130] « Lettre du 6 mars 1918 » », dans Chémery, F., *Alphonse et Marguerite, op. cit.*

Millerand veut aller plus loin. Les Allemands ayant été arrêtés sur la Marne en octobre, évitant à la capitale un péril immédiat, il décide la relocalisation à Paris du bureau central de la Poste militaire, exilé à Bordeaux face à l'avancée initiale ennemie, du 3 septembre au 11 octobre, dans les locaux de l'hôtel des Postes, à Paris[131]. Elle est officialisée à compter du 12 octobre par le général de division, directeur des services de l'Arrière, Laffon de Ladebat[132].

Le plus grand bureau de poste de France est le cœur de l'organisation hexagonale. Au début du siècle, 30 000 sacs par jour y sont traités : la correspondance de, et pour Paris et la banlieue, ainsi que celle vers l'étranger, y transite. Lors de l'exposition universelle de 1900 par exemple, l'hôtel des Postes avait su absorber les flux supérieurs causés par les nombreux visiteurs venus du monde entier. Il est indéniablement le navire amiral d'un système qui tangue cependant depuis quelques années. Les Postes sont en crise et l'opinion publique s'en était émue dès 1905 :

> Personne ne peut plus l'ignorer. Elle a fait trop de bruit. Les journaux sont remplis de doléances et de plaintes : le public d'un côté, les employés de l'autre, se répondent en lamentations alternées. Ceux-ci sont surmenés, ceux-là sont mal servis. [...] Cette crise est périodique : elle se produit chaque année avec la saison des villégiatures [...] Le croirait-on : la carte postale illustrée, la malencontreuse carte est à peu près la seule cause, la cause principale du moins, du mal dont on se plaint[133].

Depuis le Second Empire, l'été donne l'occasion à une population très aisée d'affluer vers les côtes. La mode de la carte postale conduit cycliquement à la surchauffe du service postal qui découvre qu'il ne peut pas toujours faire face aux pics. Marty, qui est depuis 1903 affecté au cabinet d'Alexandre Bérard en charge des PTT, sait donc bien avant la guerre que la conjonction de trois facteurs à savoir la saisonnalité du trafic, la concentration de population et les formats hétérogènes du courrier à trier, peut conduire à la pire des saturations.

Dès octobre 1914, la règle du « retard systématique » est assouplie. Instaurée dès le 4 août dans le cadre de la renaissance de la Poste aux armées dans son versant « censure » postale passive, cette mesure visait à faire stationner dans les gares régulatrices, au minimum quatre jours – par excès de zèle, cela pouvait parfois durer jusqu'à douze jours dans certains endroits – les sacs de dépêches afin de rendre les informations potentiellement

---

[131] *Le Petit Parisien*, 13 novembre 1914.
[132] SHD 16N2701, « Bureau central militaire postal de Paris », 7 octobre 1914.
[133] « La crise des Postes », *L'Illustration*, n° 3262, 2 septembre 1905, p. 154-155.

incluses dans les lettres moins sujettes à quelque importance stratégique. Le directeur de l'exploitation postale au GQG, le capitaine Bouvard, précise la nouvelle donne[134]. Initialement applicable à l'ensemble de la zone des armées, plusieurs départements, essentiellement ceux éloignés de la ligne de front, sont soustraits à cette mesure, dont la frange est de la Normandie (Calvados, Eure, Seine-Maritime), la Seine, ceux formant l'actuelle Île-de-France et les départements limitrophes comme le Loiret, l'Yonne et la Somme jusqu'à la Côte d'Or. Partout ailleurs, la retenue est abaissée à trois jours.

Par ailleurs, si la réquisition de la plupart des convois ferroviaires au moment de la mobilisation générale avait largement amputé l'activité des compagnies de chemin de fer, et avec celle-ci le transport des colis postaux – la stabilisation du front permet de réenvisager ce service[135]. Une structure de messagerie militaire est donc mise sur pied à Paris tout du moins, pour le transit entre le front et la capitale : l'installation d'un bureau central militaire des colis postaux (BCMCP) est officialisée en octobre 1914. On compte alors plusieurs guichets dont un au 19 rue de Radziwill, dans un hôtel mis gracieusement à disposition par la Banque de France ; un autre installé 2 cité de Londres, au rez-de-chaussée et au premier étage d'un bâtiment prêté par la compagnie du Paris-Lyon-Marseille ; un supplémentaire au numéro 9 de la place Saint-André-des-Arts, dans un bureau prêté par la compagnie des chemins de fer de l'État ; on y ajoute les bureaux des compagnies dans les gares et les baraquements en bois du site Gutenberg à proximité du central téléphonique majeur de la capitale, si bien qu'il est d'une configuration suffisante pour assurer cette mission. Ce BCMCP ne s'occupe que des colis postaux, c'est-à-dire ceux pesant jusqu'à 10 kg au maximum, seulement pris en charge par les compagnies de chemin de fer[136] : ils sont plus lents à l'acheminement car non prioritaires et impliquent une dizaine de jours de délai au moins. À ce titre, l'entité est dotée de quatre camions automobiles et de huit voitures à chevaux pour sa mise en relation avec la gare de l'Est, désignée pour centraliser les expéditions de ce service.

Enfin, concernant la compétence des hommes, le gouvernement a déjà ouvert la porte à une plus grande présence des postiers afin d'accroître la collaboration avec les gradés. À partir de septembre, un fonctionnaire des Postes, parfois un commis, plus souvent un contrôleur ou un inspecteur

---

[134] SHD 5N93, « Copie d'un télégramme du directeur de l'Exploitation postale et du capitaine Bouvard, au ministre de la Guerre et ministre du Commerce, de l'Industrie et des PTT », 9 octobre 1914.

[135] Laborie, L., Richez, S. (dir.), *Les objets de nos pensées. Première histoire de la messagerie postale, XIXe-XXe siècles,* Bruxelles, Peter Lang, à paraître en 2017.

[136] « Contre la vie chère au front », *Lectures pour tous,* janvier 1917, p. 469-470.

des PTT, incorporé parmi les cadres de la Trésorerie et des Postes aux armées, est rattaché à une gare régulatrice en qualité de « commissaire postal régulateur[137] ». Informé des mouvements de troupes et des ordres de bataille, il supervise le bureau-frontière sous sa juridiction et assure les expéditions et envois des objets de la correspondance. En octobre 1914, Laffon de Ladebat affecte en urgence 100 facteurs civils dans les rangs des vaguemestres en accord avec les PTT, avec pour objectif en janvier 1915, que 1 400 à 1 500 facteurs soient nommés comme sergents dans les corps d'armée, sans pour autant qu'aucun de ceux qui combattaient ne soit retiré des rangs[138]. Cette programmation agit telle une véritable « saignée » parmi les facteurs civils encore mobilisables, afin d'atteindre l'objectif à raison de 80 à 90 facteurs dans chacune des 21 régions militaires concernées. Ces deux ajustements ont professionnalisé les processus postaux, depuis les flux à traiter à la remise des lettres, comme sur la prise en considération des objets de la correspondance.

III. Le réformateur rapide et averti

Dans ce contexte troublé par la paralysie du système et l'inquiétude des Français, Marty doit réformer rapidement en profitant du courant d'assouplissement qui a déjà gagné les esprits.

Davantage de postiers aux côtés des militaires

À l'arrivée de Marty, c'est sur cet aspect professionnel, dont le constat des besoins criants est désormais partagé par les autorités politiques et militaires, qu'il fait porter la première de ses réformes majeures. Davantage de postiers civils doivent être présents à toutes les strates, pour s'occuper de la Poste aux armées, pour la soulager, pour apporter leur savoir-faire et leur expertise, aussi bien à l'arrière que proches des lignes de front.

À lire la composition du personnel de la Trésorerie et des Postes militaires, 1 641 personnes affectées au BCMP ainsi que dans les bureaux de payeurs auprès des régiments au front en 1917[139], on comprend le

---

[137] SHD 16N2700, « Note de Laffon de Ladebat sur les commissaires postaux régulateurs », septembre 1914.
[138] SHD 16N2700, « Lettre de Laffon de Ladebat au ministère des PTT », octobre 1914.
[139] *Trésorerie et Postes aux Armées : personnel, 1917*, Nancy, Berger-Levrault, 1917 : comprenant les payeurs généraux de 1re et 2e classe, les payeurs principaux de 1re, 2e, 3e classe, les payeurs adjoints de 2e classe, les commis de trésorerie de 1re, 2e et 3e classe, hormis les vaguemestres.

succès de la mesure. Marty est parvenu à étendre ce brassage, aussi bien en haut qu'en bas de l'échelle de la structure.

Parmi les cinq payeurs généraux de première classe, dont Marty, ils sont trois postiers, un fonctionnaire des Finances et un seul militaire. On retrouve la même proportion au sein de la seconde classe ! De façon générale, nombreux ont été les hommes, en âge de combattre ou pas, à être intégrés dans les cadres de la Trésorerie et des Postes militaires. Appliquée à l'administration des Postes, cette logique a amené des dizaines d'inspecteurs, et des centaines de commis et commis principaux, de rédacteurs et receveurs, qu'on voit apparaître en masse dans la nomenclature du personnel. Mieux, ces postiers civils ont pris le dessus sur leurs homologues des Finances et de la Guerre[140].

Appliquée au plus proche du terrain, la même logique préside à la fonction d'estafette ou de vaguemestre postal auprès des troupes. Initialement, ces hommes sont issus le plus souvent des petits grades de sous-officiers, caporaux et sergents. À pied, à cheval ou à bicyclette, ils s'occupent du courrier expédié et reçu par les soldats, au plus près des secondes lignes, exceptionnellement en première, et des cantonnements éloignés : ils font aussi le service de la correspondance de leur état-major. De plus, en camionnette ou charrette hippomobile, ils sont aussi responsables des liaisons pour acheminer les sacs entre les bureaux de payeur et les gares. Parmi les causes de la crise du courrier dès la fin de l'été, l'absence d'instruction efficace et leur mauvaise formation ont impliqué trop d'erreurs ou de négligences. À raison d'au moins un agent par régiment[141], celui-ci pouvant être secondé par un ou deux auxiliaires militaires en fonction des organisations propres, ils sont plusieurs milliers à la tâche au début du conflit et leur nombre va en augmentant jusqu'à la fin de 1918.

Il aura fallu du temps pour imposer une « postalisation » de cette fonction. Un rapport du 29 octobre 1915 remis par le ministre des PTT à son confrère de la Guerre, engage une réorganisation du service des vaguemestres, suite à la remise du rapport de Louis Deshayes, le 17 juin 1915, au nom de la commission parlementaire. Marty va être à l'œuvre pour déployer plusieurs changements[142] : la création dans chaque régiment d'un emploi de chef-vaguemestre, dont le recrutement sera obligatoire

---

[140] *Ibid.*

[141] Un régiment d'infanterie (on en dénombre 173) se composait en général de trois ou quatre bataillons, d'un état-major, d'un petit état-major. L'organisation prévoyait au moins un vaguemestre plus un auxiliaire par bataillon. L'organisation était différente pour la cavalerie qui comptait moins de régiments (60) ou l'artillerie (*ibid.*).

[142] SHD 16N2702 : organisation et fonctionnement, correspondance générale, « Rapport remis par le ministre des PTT à son confère de la Guerre pour une réorganisation du service des vaguemestres », 29 octobre 1915.

parmi les postiers mobilisés ; le recrutement forcé des vaguemestres ordinaires de bataillon et de leurs adjoints parmi les facteurs mobilisés ; *idem* pour les vaguemestres de dépôts des corps d'armée, à faire parmi les agents des Postes mobilisés et inaptes à faire campagne. Vu l'importance des contingents déjà fournis par les PTT aux forces combattantes, cette vaste opération de ressources humaines, qui ne nécessite en fait que des réaffectations[143], s'avère d'une portée décisive dans l'amélioration des pratiques postales militaires.

L'entêtement du haut fonctionnaire pour parvenir à une plus grande mixité des personnels, a permis à l'administration des Postes d'apparaître régulièrement parmi les citations diverses à l'ordre de tous les régiments de France et de s'enorgueillir. Deux exemples, parmi des dizaines d'autres, en témoignent[144]. Celui de ce postier, M. Garry, habituellement facteur à la recette principale de Paris, cité le 29 septembre 1918.

> Sergent vaguemestre courageux et infatigable. Possède un très haut degré de la notion de son rôle dont il a compris l'indiscutable influence sur le moral du combattant. N'hésite jamais à distribuer ses lettres dans les circonstances les plus périlleuses et a réussi, lors des attaques des 10, 17, 30 et 31 août 1918, à effectuer son ravitaillement moral en plein champ de bataille au péril de sa vie.

Ou encore celui du facteur rural dénommé Coince de Callardon, cité à l'ordre de son régiment dont il est le vaguemestre, le 10 mai 1917.

> Sergent vaguemestre très attaché à son devoir, qu'il accomplit quelles que soient les circonstances. En secteur, au combat, apporte avec régularité le courrier même à travers les tirs de barrages les plus violents. Le 16 avril 1917 en particulier, a franchi la zone activement battue par l'artillerie ennemie, si bien que les lettres ont pu parvenir dès le soir même de la bataille jusqu'à la première ligne, apportant aux combattants le meilleur réconfort moral.

Les exemples feraient foison s'il fallait tous les mettre en exergue…

Ces cas militaires, évidents, se mêlent à des citations civiles plus inattendues. Celles-ci témoignent aussi des conditions de maintien du

---

[143] À la fin de 1915, les postiers sont à retrouver parmi : les 443 anciens sous-officiers classés au titre militaire pour l'emploi de commis des PTT et rappelés sous les drapeaux en octobre 1914 ; les 1 400 rédacteurs ou commis des classes 1909 et 1910 mobilisés ; les 2 500 commis et surnuméraires des classes 1911 à 1916 effectuant leur service militaire normal ; les 251 anciens sous-officiers expéditionnaires et les 581 anciens sous-officiers facteurs-receveurs mobilisés en octobre 1914 ; les 4 841 anciens sous-officiers ou caporaux, tous sous-agents des services postaux ; les 4 285 facteurs non gradés appelés sous les drapeaux dès août 1914.

[144] « Les Poilus des PTT », *La France postale*, 11 janvier 1919, p. 3.

service public, même dans les zones les plus exposées au combat et au feu ennemi. Est ainsi distingué, parmi d'autres[145], le fonctionnaire Frémont, facteur-receveur à Bazoches dans l'Aisne :

> A fait preuve de sang-froid au cours de nombreux bombardements par canons et avions. Surpris par l'invasion, est demeuré trois heures avec l'ennemi qui occupait son bureau, s'est débarrassé de son uniforme et a réussi à se sauver au milieu des périls de la bataille en emportant tous ses documents et valeurs sur une brouette pour les remettre à son directeur après un pénible trajet de 40 km.

L'honneur des hérauts du service public est restitué par l'académicien Alfred Capus lors d'une conférence en 1915. Il décrit notamment à grandes envolées lyriques la poursuite des tournées des facteurs à Reims, alors que la ville est sous les bombes allemandes[146]. Cette constance est également célébrée dans le titre d'une chronique, « le service postal sous les obus » :

> On nous signale la belle conduite, pendant les heures critiques, d'un modeste fonctionnaire, Henri Martel, facteur des Postes à Saint-Venant (Pas-de-Calais). Jamais à aucun moment et sous les bombardements les plus intenses, il n'interrompit son service. En avril 1918, à l'évacuation, il resta à son poste et quelques jours plus tard, par dévouement, il rétablissait le service dans les communes de Busnes, Robercq, Montbernenchon, Calonne-sur-La-Lys, Lestrem, Saint-Floris, Haverskerque, Saint-Venant, à la satisfaction des habitants privés jusqu'alors de toute correspondance. À défaut de témoignage officiel de satisfaction, nous sommes heureux d'adresser nos sincères félicitations au camarade Martel[147].

Dans ce tableau élogieux, les femmes postières ne sont pas absentes. Mme Armand, receveuse à Bucy-Le-Long dans l'Aisne, n'a pas pris ses jambes à son cou : « Très courageuse, très dévouée, est restée plusieurs mois sous de violents bombardements à très peu de distance des lignes ennemies. Négligeant sa propre sécurité, n'a jamais hésité à sortir pour prêter un concours journalier et efficace aux formations sanitaires de la localité ». Dans la même veine qu'une anonyme aide des Postes qui prenant son courage à deux mains, supplante le receveur, inapte, à la tête du bureau de poste d'une commune dans la zone des combats en 1915 ; l'endroit est soudainement devenu un enjeu de conquête, sous la mitraille et dont le récit est retranscrit ci-dessous.

---

[145] « Citations civiles », *La France postale*, 26 avril 1919, p. 3.
[146] Capus, A., *Le personnel féminin des PTT pendant la Guerre*, Paris, Imprimerie nationale, 1915.
[147] *Le Réveil postal*, 27 avril 1919.

L'héroïsme d'une postière près de la ligne de front

Le receveur des Postes étant gravement malade, j'assure le service jour et nuit parmi les escarmouches, protégée par les troupes françaises. Le 7 août, la barricade formée devant le bureau est entourée de quelques braves chasseurs à pied. L'ennemi est là, nombreux, à 200 mètres. Le receveur des Contributions quitte son poste pour emporter sa caisse au chef-lieu. Il m'engage à le suivre. Mes regards se portent sur les pauvres soldats qui sont là, agenouillés, le fusil en main : « Non, je ne puis les laisser, il faut les aider jusqu'au bout ». Le combat commence. Les balles arrivent dans nos fenêtres. Je dois briser les appareils [de télécommunications] au plus tôt. Un adjudant s'approche et me dit : « nous resterons jusqu'au dernier, mais de grâce, quittez cette fenêtre ». Je téléphone au commandant de la place. « Vite du renfort, mon commandant. L'ennemi arrive en grand nombre, que faut-il faire ? Dites à l'adjudant de se replier sur les tranchées de G… Là je vais envoyer une compagnie ». De la fenêtre, j'appelle l'adjudant et lui communique le message. Nos chasseurs battent en retraite. Je brise les appareils au marteau. À six heures du soir, l'ennemi a franchi la barricade. Et je sais nos officiers sans nouvelles. Que faire ? Je cours chez l'abonné n° 6 ; à la hâte, son poste est démonté ; je le rapporte dans mes bras ; il est vite remonté ; au bout du fil, c'est toujours bien la voix du commandant de la place. Je lui signale le passage de la première patrouille, puis de la deuxième, ainsi jusqu'à quinze.

Le 10 août, les Allemands ont été battus ; un de leurs officiers commandant une vingtaine de soldats ordonne d'abattre le bureau de poste. Au premier étage, derrière les persiennes, j'assiste à la pose des mitrailleuses. Déjà, toutes les vitres tombent, une balle effleure l'oreille de mon petit garçon. Nous nous couchons à terre. La fusillade a duré quatorze heures. Le receveur malade, sa femme, mon petit et moi sommes ensevelis dans le plâtre, dans les débris. Tous les meubles autour de nous sont hachés par les balles. Comment sortir ? Avec mille précautions nous gagnons le jardin. Une sentinelle allemande est au bout, elle fait les cent pas. Si elle nous aperçoit, nous sommes perdus. Abrités derrière les groseilliers et les haricots, nous attendons deux heures. Nous pouvons enfin escalader un mur et nous réfugier chez un voisin. Arrivent enfin les troupes françaises. Le colonel prend quelques vues du bureau de poste. Il a compté jusqu'à trente-neuf passages de balles dans un côté de persienne du bureau. Il m'embrasse et me dit : « Vous êtes un soldat ».

Source : Capus, A., *Le personnel féminin des PTT pendant la Guerre*, Paris, Imprimerie nationale, 1915, 14 p.

Service postal *a minima* et actions désintéressées au service des compatriotes se mêlent donc dans l'exposé des citations. Proches du danger sur le terrain ou simples petites mains dans les grandes structures parisiennes du traitement des correspondances, les postiers font partie intégrante d'une organisation qui se maintient coûte que coûte.

Un autre postier civil à la tête d'une structure postale repensée

Si Marty a mis plus de postiers au milieu des militaires pour s'occuper de leur courrier, et certainement galvaniser par l'exemplarité ceux des civils restés à leur tâche, le second temps de son grand élan de réforme tient dans la restructuration du bureau central militaire postal (BCMP). Au début du conflit, le BCMP est à la marge de l'organisation militaire, ne voyant transiter qu'une partie minime des correspondances à destination des militaires. Il a une mission simple et mineure : recevoir et réexpédier le courrier destiné aux états-majors, aux officiers sans troupes, aux unités isolées et en règle générale, à toutes celles ne possédant pas de dépôts ; soit, un périmètre d'action qui se trouve fort restreint[148].

Marty change d'optique et fait de cet organisme le centre névralgique de toutes les Postes, civile et militaire, en France. Ce bureau devient notamment chargé de centraliser, trier et expédier le courrier destiné à toutes les troupes du front et expédié par elles, en lien avec les bureaux-frontières et les gares régulatrices. C'est la fin du rôle centralisateur des dépôts de corps d'armée où convergeait la majeure partie des correspondances montant au front. Confrontés à l'évolution perpétuelle de la ligne des combats, ceux-ci ne disposaient pas des moyens efficaces pour toucher les soldats à leur localisation exacte, provoquant du coup, des amoncellements, retours et rebuts en masse.

La nouvelle proximité entre fonctionnaires civils et militaires que Marty va également imposer dans l'enceinte même de Paris-Louvre, doit permettre une meilleure expertise postale. Au début de l'automne 1914, 1 500 000 cartes et lettres, 150 000 paquets recommandés et 15 000 mandats passent par le lieu chaque jour. À cette saison, celui-ci est donc totalement embouteillé. Au cours des premiers jours de décembre, il faut des mesures spéciales, dont l'intervention de postiers civils déjà citée plus haut, pour écluser les objets stagnants et liquider ceux échoués, près de 30 000 paquets n'ayant pas pu atteindre leurs destinataires, à l'étage du célèbre service des rebuts.

---

[148] Bette, P. *et al.*, *Les Postes dans la guerre 1914-1918*, op. cit., p. 22.

Face à l'urgence du désengorgement, Marty opère une retouche technique. Le BCMP est découpé en deux sections. La première est située à l'hôtel des Postes de Paris-RP, rue du Louvre, dans le cœur du vaisseau amiral de la Poste civile. Pour traiter la correspondance ordinaire militaire, elle s'installe aux 2e et 5e étages du bâtiment amiral, puis uniquement sur les 2 500 m² du 5e, une fois le débit fluidifié[149]. Au tri général par secteur, le rendement se stabilise à 3 000 lettres par heure pour les meilleures des femmes affectées à cette tâche. Au tri détaillé par secteur, il est de 1 200 courriers/heure. L'autre section s'ouvre sur le site de Paris-Conservatoire, à l'angle de la rue Faubourg-Poissonnière et de la rue Bergère, pour les recommandés et les paquets-poste jusqu'à 1 kg, installé sur deux niveaux sur 900 m² et traitant jusqu'à 14 000 sacs qu'on y entrepose chaque jour.

Le personnel d'ensemble a rapidement augmenté pour répondre aux besoins croissants. En octobre, au retour du BCMP à Paris, 720 agents y œuvrent : fin novembre, ils sont 1 300, uniquement des postiers et postières sous statut militaire. En mars 1915, 2 033 agents et à son zénith, début novembre 1915, 2 340 personnes[150]. En leur sein, plus d'un millier de femmes titulaires et auxiliaires, y travaillent selon des vacations de sept heures organisées selon une rotation d'un jour sur deux, de 5 h à 12 h, et le lendemain de 13 h à 20 h. Une journée de repos est théoriquement accordée tous les 14 jours.

Les deux plates-formes sont en relation avec les gares du Bourget et de Noisy-le-Sec, qui expédient et reçoivent les dépêches pour et de la part des bureaux-frontière.

Rapidement perçu par l'opinion, ce changement semble couronné de succès. Relevé de « sa médiocrité », dixit les *Cahiers de la guerre*, le BCMP semble devenu une « vaste manufacture où de jour comme de nuit, on travaille la lettre sans relâche »[151].

Comment ce miracle a-t-il pu se concrétiser en à peine plus d'un mois ? Par la contribution d'un homme, un autre postier civil, Alfred Lacroix, qui fait son entrée avec Marty à la tête des Postes militaires[152]. Cet Ardennais né en 1866 est alors inspecteur des PTT, sous-chef de bureau à la direction de l'Exploitation postale au ministère ; il en est extrait le 22 novembre 1914 pour être nommé à la tête du bureau central militaire

---

[149] BnF, « La Poste aux armées. Pourquoi ceux du front recevaient nos lettres avec deux semaines de retard. – Comment ils les reçoivent maintenant en moins de trois jours », dans *Pourquoi nous serons vainqueurs*, Paris, Éditions Delandre, coll. « Les Cahiers de la guerre » (18), 1914, p. 222.
[150] BnF, « La Poste aux armées… », *op. cit.*, p. 224.
[151] *Ibid.*
[152] CAC F90 20988, LACROIX Alfred Léon, 20/02/1866, receveur principal hors classe.

postal. Cette double affectation de fonctionnaires civils que sont Marty et Lacroix, à des postes névralgiques, témoigne en tout cas de la prise de contrôle des postiers experts en matière de traitement du courrier, au sein de l'intendance et particulièrement de la branche postale militaire. Ont-ils pu se connaître auparavant durant leur carrière, et comment ? Lors de son passage à la direction des services postaux de la Seine, Lacroix avait notamment été chargé d'une étude sur l'organisation des transports postaux et l'acheminement des correspondances en 1911. Les deux hommes ont-ils pu se croiser à cette occasion alors que Marty était déjà inspecteur général ? On peut le présumer.

Le choix de Lacroix aura pu être certainement facilité par la carrière militaire que celui-ci a menée dans l'armée de réserve en parallèle de sa vie de postier : il a été en effet affecté au service de la Trésorerie et des Postes. D'abord commis de 1896 à 1901, il gravit les échelons, payeur adjoint, puis payeur particulier, puis payeur principal en octobre 1912. Au moment de la mobilisation en août, c'est dans cette fonction qu'il est placé auprès de la IVe armée commandée par le général de Langle de Cary. Il contribue notamment alors, au moment de la mission d'inspection générale confiée au général Lachouque en septembre 1914, à l'audit du bureau-frontière et du bureau de payeur dépendant de la gare régulatrice de la IVe armée. Dans son rapport, au caractère technique très appuyé, Lacroix craint « que le bureau central militaire ne soit pas outillé, en personnel et comme en installation, pour assurer dans toute son étendue, la tâche extrêmement importante qui lui incombe[153] ». Stigmatisant son déménagement à Bordeaux, source d'une grande partie de la désorganisation générale, il se faisait alors le chantre d'un BCMP fort et centralisateur, sur lequel la réforme devait porter en priorité… Son audace aura pu porter ses fruits dans le fait que Lacroix se fasse remarquer.

Dans son discours d'intronisation auprès des agents œuvrant déjà sur le site, l'homme affiche un volontarisme dans la mission qui lui incombe :

> Il faut que nous arrivions à faire parvenir rapidement et sûrement à ceux qui sont sur le front, qui luttent et qui souffrent pour nous, les lettres si impatiemment attendues de leurs vieux parents, de leurs femmes, de leurs enfants, de leur fiancé, de tous ceux, en un mot, qui leur sont chers, lettres qui sont pour eux le meilleur réconfort moral.
> Je vous demande, mes chers amis, d'apporter toute votre activité, toutes vos forces, toute votre âme à cette mission qui, pour nous autres postiers, constitue notre façon de contribuer au but sacré vers lequel sont tendus l'esprit et le cœur de tous les Français[154].

---

[153] SHD 16N2701 : « Le payeur principal Lacroix de la DES de la IVe armée à M. le payeur général Mairet », 16 septembre 1914.
[154] BnF, « La Poste aux armées… », *op. cit.*, p. 222.

Lacroix esquisse un tableau stimulant et chargé d'honneur : si les soldats défendent le pays, les postiers civils et militaires doivent pour leur part défendre le moral de ceux-ci par l'exercice sans faille de leur mission, pourtant beaucoup moins périlleuse, mais pas moins vitale.

À peine arrivé, Lacroix constate l'augmentation monumentale des échanges, convergeant vers le bâtiment dont il prend la tête. Au moment de sa nomination, le BCMP à Paris-Louvre envoie un télégramme aux ministres de la Guerre et des Postes, ainsi qu'à l'inspection générale de la Poste militaire du grand quartier général. Y est décrite une situation en surchauffe, alourdie par les correspondances qui ne trouvent pas leurs destinataires et qui s'empilent dans les salles[155] :

> Situation du bureau central militaire : réception 1 100 000 lettres et cartes postales, environ 3 000 journaux, 9 000 paquets, 2 438 sacs de chargement, 8 500 mandats, 640 télégrammes. Reste à trier 90 000 lettres, 250 journaux, 1 200 paquets, 744 sacs de chargement, 1 100 mandats.

Cependant, la situation est dite « normale » en raison de la progression considérable du nombre des sacs de chargement. On prévoit un renfort de dix unités pendant dix heures quotidiennes, à maintenir et à augmenter si besoin. C'est le premier challenge urgent que Lacroix a à relever.

Moins de trois semaines après sa prise de fonction, Lacroix fait le point le 9 décembre lui-même par un télégramme sur le même modèle que le précédent, adressé à toute la chaîne de commandement. À l'approche de Noël, les chiffres des objets à traiter ont encore considérablement grossi, les reliquats sont absolument énormes[156] :

> Situation, 9 décembre, 20 heures : lettres et cartes 1 380 000 ; journaux 5 500 ; mandats 18 350 : paquets et chargements 215 000 ; télégrammes 395. Reste à trier, lettres et cartes 125 000 ; journaux 400 ; mandats 500 ; paquets et chargements 76 000 ; télégrammes néants.

Et pourtant, si partout ailleurs le constat est alarmiste, Lacroix quant à lui ne cède pas à la panique ambiante. Il témoigne d'un sang-froid doublé d'un professionnalisme rassurant pour sa hiérarchie : il mentionne placidement une « bonne situation » et des effectifs stables pour s'occuper de la charge à traiter.

---

[155] SHD 5N93 : « Télégramme envoyé par la direction centrale postale militaire, au cabinet du ministre de la Guerre, au cabinet du ministère des Postes, au GQG et à l'inspecteur général de la Poste militaire », 22 novembre 1914.

[156] SHD 5N93 : « Télégramme envoyé par la direction centrale postale militaire, au cabinet du ministre de la Guerre, au cabinet du ministère des Postes, au GQG et à l'inspecteur général de la Poste militaire », 19 décembre 1914.

Afin d'organiser un pilotage fluide et rapidement ajustable, une note de fin décembre du ministère de la Guerre entérine le lien de subordination direct entre les deux hommes. Dans le cadre du décret du 6 décembre 1914 relatif à la militarisation du personnel postal, Lacroix, payeur principal des Armées et chef du BCMP, doit envoyer quotidiennement à Marty, payeur général des Armées et inspecteur technique du service postal, un rapport sur l'évolution des flux traités. C'est un militaire, le capitaine Naudet, nommé le 16 novembre à la direction de la nouvelle section des statistiques du BCMP, chargée des renseignements sur l'ordre de bataille nécessaires pour l'acheminement des correspondances[157], qui fournit les éléments et met de l'huile dans les rouages d'une machinerie désormais optimisée.

À la toute fin de décembre 1914, jusqu'à huit millions de correspondances quotidiennes, montantes et descendantes, sont évacuées sans anicroche par le BCMP. Marty comme Lacroix peuvent se féliciter de leur leadership dans l'accomplissement de cette réorganisation rapide. C'est aussi l'application pressée d'une nouvelle pensée conceptuelle promue par Marty, venant bouleverser les anciennes habitudes en matière d'adressage, qui va porter ses fruits.

Marty, « père » des secteurs postaux

C'est sous cette appellation à l'intonation obséquieuse que la population française semble exprimer sa gratitude au haut fonctionnaire quelques mois après ce qui apparaît comme sa contribution majeure aux yeux des contemporains. La revue propagandiste, *Les Cahiers de la guerre*, salue le génie de Marty pour avoir élaboré un autre système d'adressage militaire, mêlant efficacité et rapidité du tri, tout en maintenant le secret des positions. Mieux, cette presse met en exergue la connivence et le travail parfaitement effectué en commun entre les deux postiers civils ; Marty étant surnommé « père » des secteurs et Lacroix affublé du surnom d'« oncle »[158]. Même auréolé d'une telle paternité, le secteur postal n'a jamais été un sujet d'histoire. Au mieux, les militaires, philatélistes et marcophiles lui ont trouvé un intérêt curieux et technique[159] ; ils ont essayé tant bien que mal de le disséquer pour mieux le rendre intelligible.

---

[157] SHD 7N2073 : « Nomination du capitaine Naudet au BCMP », 16 novembre 1914.
[158] BnF, « La Poste aux armées… », *op. cit.*, p. 223.
[159] Deloste, C., *Histoire postale et militaire de la Première Guerre mondiale, op. cit.* ; *id.*, « L'Armée d'Orient : étude, catalogue des marques postales et oblitérations sur timbres-poste… : Postes militaires françaises, alliées et ennemies (secteurs postaux, marques de censure, marques de camps de prisonniers) », dans *Histoire postale et militaire du XXᵉ siècle*, Bischwiller, Éditions de l'Échangiste universel, 1970, 141 p.

Il faut dire que l'adressage militaire alors en fonctionnement comporte beaucoup d'informations, s'étirant sur plus de six lignes, si bien qu'il s'avère complexe. L'amoncellement d'autant de lignes dans l'adresse, dont il ne faut pas oublier le moindre élément, constitue autant d'occasions d'erreurs dans la direction des plis, sinon de perte :

- Nom, prénom, grade
- Compagnie, escadron ou batterie
- Régiment
- Formation ou service postal d'affectation
- Division
- Dépôt du corps d'armée

Surtout, cette adresse ne comporte pas d'indication de zonage quant à la position des troupes, synthétisant une information rapide à lire pour faciliter le tri.

De surcroît, dès septembre 1914, Joffre admet devant le ministre de la Guerre, Millerand, la faillite complète et coupable de ce système : « Celui adopté pour la transmission des correspondances, de l'intérieur aux armées, s'est montré, à l'expérience, défectueux. En fait, il semble n'avoir été compris et correctement appliqué ni par le public, ni par les vaguemestres ni par l'administration des Postes civiles elle-même[160] ». Par la même occasion, il signe presque déjà l'arrêt de mort d'une organisation complexe, multipliant les intermédiaires et n'étant pas adaptée aux nouvelles dimensions de la guerre requérant une rapidité et une réactivité bien plus affirmées. La preuve de l'immense volatilité des informations formant l'adresse est fournie par Charles Péguy lui-même. À sa mère à qui il écrit le 16 août 1914, en lui signalant au passage qu'il a reçu sa seconde lettre avant la première toujours pas parvenue, il indique son adresse « M. Péguy, lieutenant à la 19ᵉ compagnie, 276ᵉ régiment d'infanterie[161] » sans respecter scrupuleusement les consignes. Imaginons cet exemple dupliqué à des millions de soldats peu méticuleux et l'on saisit mieux l'anarchie qui a pu régner.

Le secteur postal constitue la réforme la plus emblématique de Marty : elle fait la synthèse des obligations du secret militaire et de la précision postale. Le secteur postal n'est pas une circonscription territoriale : c'est un numéro d'ordre regroupant tous les éléments combattants qui dépendent d'un bureau de payeur attaché à une gare régulatrice. Par ce principe qui confère une individualité postale à ce regroupement, l'expédition devient

---

[160] SHD 16N2701 : Organisation du service postal en temps de guerre, « Lettre du général commandant en chef à M. le ministre de la Guerre » », 19 septembre 1914.
[161] Sabiani, J., *Correspondance de guerre et témoignages, op. cit.*, p. 250.

aussi facile que celle de l'acheminement civil[162]. En cas de changement de circonscription par les troupes, à l'instar d'une commune se trouvant dans l'aire d'un nouveau bureau de poste, il ne reste plus qu'à notifier la nouvelle affectation à toutes les parties prenantes.

C'est la seconde révolution introduite par Marty. Le meilleur des technologies des PTT, télégraphe et téléphone, est mis au service de l'information en temps quasi réel. Si la tour Eiffel est devenue l'efficace phare des télécommunications militaires[163], le BCMP, géographiquement tout proche, est devenu le centre de contrôle par où transitent tous messages et télégrammes secrets, renseignés par les bureaux-frontières, chacun détenteur de l'ordre de bataille de leur armée. Ceux-là même renseignés par les bureaux de payeurs, en rapport journalier avec les vaguemestres qui informent régulièrement eux-mêmes les soldats de leur secteur postal. Cette triangulation structure le système qui entre en vigueur le 15 décembre.

Trois semaines auparavant, Joffre écrit le 22 novembre à tous les payeurs pour leur expliquer leur rôle fondamental :

> En vue de faciliter et d'accélérer la transmission de la correspondance et des paquets destinés aux troupes en opérations, j'ai décidé qu'à partir d'une date qui sera ultérieurement fixée, ces troupes seront groupées, au point de vue postal, par circonscription de bureau-payeur distributeur, dénommé secteur postal. Chaque secteur postal portera un numéro d'ordre qui sera le numéro du bureau de payeur correspondant. Les lettres et paquets pour les militaires du front porteront en adresse, indépendamment des indications d'arme ou de service, de régiment, de bataillon, compagnie, escadron, section nécessaires aux vaguemestres pour assurer la remise, la mention « secteur postal n° ». Ils seront acheminés de l'intérieur, d'abord par le bureau central militaire, puis sur le bureau-frontière desservant le secteur postal indiqué et enfin sur le bureau de payeur chargé de les faire distribuer[164].

Afin que l'information sur la nouvelle façon d'adresser les courriers vers la sphère militaire soit rapidement connue de tous, des mesures sont prises à partir du terrain. Informés aussitôt de leur numéro de secteur par les vaguemestres, à chaque fois que leur régiment change d'affectation, les soldats ont consigne de le rappeler très régulièrement à leurs correspondants dans leur courrier. Dans une lettre du 17 décembre 1914 à ses parents, le

---

[162] SHD 16N2701 : *op. cit.*, « Le service postal. Organisation du début, ses résultats », janvier 1917.

[163] Boissan, Y.-T. (préf.), *La tour Eiffel dans la Grande Guerre. Souvenirs d'un sapeur-télégraphiste*, Paris, Union nationale des Transmissions, Bernard Giovanangeli, 2016.

[164] SHD 16N2701 : *op. cit.*, « Lettre de Joffre à tous les payeurs (dans les régiments), 22 novembre 1914.

soldat François Boulet basé à Ypres, écrit : « Le service postal est paraît-il réorganisé. Les lettres et paquets devront être adressés comme par le passé, mais à la mention "bureau central militaire", vous devez substituer celle-ci : "secteur postal n° 140" »[165]. Dans la famille Résal, l'adresse apparaît comme une préoccupation permanente, qu'il faut préciser, tenir à jour, confirmer ou ajuster. Paul, à son frère Salem, lui indique à l'issue de sa lettre, presque liminaire[166] :

Paul Résal
8ème Batterie
18ème d'Artillerie
Secteur postal 145

Louis, à son père Eugène, depuis la base aérienne où il a fait ses classes, précise son adresse : « Voici mon adresse : Résal, aspi-observateur, Escadrille C.51, secteur postal 11[167] ».

À l'arrière, la Poste civile communique auprès des Français. Un avis public est diffusé, à partir du 12 décembre 1914, dans les journaux, affiché dans les mairies, les bureaux de poste et près des boîtes aux lettres, ainsi que remis aux facteurs avec recommandation d'en donner connaissance aux familles. Le contenu stipule de « mentionner, après les noms, prénoms et grade, l'arme ou le service, et suivant le cas, le régiment, le bataillon, la compagnie, l'escadron, la section. Pour tout militaire faisant partie des troupes en opérations, ajouter le numéro du secteur postal indiqué par le militaire lui-même »…

Corollaire à l'introduction de ces secteurs, se trouve mise en la place du rail dans le service postal, particulièrement en temps de guerre. Marty se bat bec et ongles pour ne pas le délaisser et récupérer l'efficacité ferroviaire dont la Poste jouissait avant la réquisition massive des wagons[168]. Parce que le front désormais enterré a permis une plus grande stabilité dans la localisation des terminus des lignes, Marty dispose d'une ouverture auprès de la direction du chemin de fer au ministère de la Guerre. Il parvient à faire mettre en place un train postal dit « de rocade », à rythme quotidien. De Dunkerque (Nord) à Gray (Haute-Saône) via Amiens, Le Bourget, Troyes, à l'arrière du front, il relie dans chaque sens les gares régulatrices, entre elles et avec Paris, permettant ainsi une réexpédition des correspondances

---

[165] Boulet, L., *Vienne la nuit, somme l'heure…*, Canet-en-Roussillon, La Mandorle, 2012, p. 192.
[166] Fonds Résal, « Au front – le lundi 31 mai 1915 », Pau à Salem. Mis à disposition par Laurent Véray.
[167] Fonds Résal, « Au front – le 29 août 1915 », Louis à Eugène. *Idem*.
[168] Marty, A.-A., *La Poste militaire en France, op. cit.*

plus rapide par les bureaux-frontières, en cas de changement d'affectation d'un destinataire[169]. Placé sous la responsabilité de la direction civile des Ambulants, ce train de rocade, créé le 15 décembre 1914, est pourvu de wagons aménagés pour le tri durant le voyage. Indéniablement, il a d'abord permis d'écluser les empilements de sacs de dépêches mal dirigés durant l'automne et dormant dans certaines gares, tout comme il a favorisé une forte capacité de réorientation des flux en fonction des ajustements des secteurs postaux qui auraient échappé au BCMP.

---

[169] SHD 7N2076 : Document de principe, circulaires et instructions du GQG, fonctionnement du bureau central postal militaire, rapports de vérification des dépôts de corps de troupe ; franchises postales après la démobilisation, « le payeur général aux payeurs généraux d'Armée », 12 décembre 1914.

Chapitre V

Une mission au long cours

Les modalités de la réforme Marty furent mises en œuvre en quelques semaines, entre l'Avent et le début de l'année 1915. Mais le conflit, que les contemporains croyaient fermement devoir achever à l'horizon de la même période, allait s'avérer durable. Le système postal devait tenir, tout en absorbant les divers ajouts causés par l'enracinement de la guerre.

I. Marty bien secondé

Si Marty apparaît comme l'homme providentiel, il peut cependant s'appuyer sur une relation hiérarchique efficace avec son subordonné, Alfred Lacroix.

Alfred Lacroix pour tenir la barre du BCMP...

Après avoir géré l'urgence que constituait la réforme du BCMP, Lacroix incarne la continuité à la tête du cœur du système postal français. Jusqu'à la fin de son mandat à la tête du bureau central militaire le 10 mai 1919, date de sa démobilisation officielle, il tient la barre de l'immense vaisseau sous l'autorité protectrice de Marty.

La première de ses missions durables est de tenir coûte que coûte un rythme de traitement des flux en rapport avec l'immensité des chiffres. Au sortir de l'urgence hivernale, Lacroix relate encore un ultime pic de crise, en avril 1915, auquel l'ensemble des personnels affecté à Paris-Conservatoire a dû faire face avec succès. Il leur rend d'ailleurs hommage[170] :

> La section du Conservatoire vient de subir un nouvel assaut. Le travail auquel elle a dû faire face pendant la dernière semaine a dépassé de beaucoup celui qu'elle avait assuré pendant la période de Noël et du premier janvier. Grâce à un élan merveilleux, tout a pu être acheminé sans retard et les paquets de Pâques sont arrivés au jour voulu, apportant, selon le désir des familles, de

---

[170] Deshayes, L. « Rapport sur le fonctionnement n° 1017 sur le fonctionnement de la Poste aux armée », *Chambre des députés*, n° 1017, 15 juin 1915, p. 55.

la joie et du réconfort dans les tranchées. Je suis fier de l'effort que vous avez donné. J'étais sûr du reste, que vous le feriez. Je vous exprime ma satisfaction et de tout cœur, je vous en remercie.

Il faut dire que le trafic ne connaît aucune stagnation ni baisse au fil de 1915. Le 15 janvier, les lettres en transit au BCMP sont 3,4 millions, 4,1 le 15 avril et 4,5 le 15 décembre : les paquets passent de 180 000 à 240 000 sur le même temps[171].

Durant cette année, se met en place une ère du « courrier facile », ainsi que se diffuse une culture de l'écrit. Parce que les vaguemestres font remonter la solitude de certains hommes au front qui n'ont pas de correspondant, l'habitude des marraines de guerre s'installe dès janvier 1915 sous les bons auspices des autorités[172]. Parce que la guerre dure et que la séparation des familles devient pesante, les permissions sont instaurées de façon roulante tous les quatre mois, dès l'été, pour alléger la charge émotionnelle et soulager les femmes au moment des moissons. Parce qu'il faut soutenir les valeureux combattants au front, une fête récurrente appelée « journée du poilu » est instaurée dès 1914, les 1er novembre et 25 décembre, à l'initiative du monde politique et du Parlement[173]. Ces moments, auxquels s'ajoutent les fêtes religieuses et civiles, procurent autant d'occasions d'écriture supplémentaires, qui alimentent un rythme de croissance régulier pendant les quarante-sept mois suivants du conflit. Chaque jour, en soirée, Lacroix au BCMP et Marty au GQG sont en contact par télégramme pour faire le relevé des objets de correspondance. Lettres ordinaires et cartes-postales, paquets et chargements, journaux, mandats, télégrammes et pneus : chaque catégorie fait l'état d'un double constat « restant de la veille reçu » et « reste à trier à 20 h » permettant de voir le travail achevé. La compilation de ces archives malheureusement lacunaires[174] et la tentative de reconstitution de séries mensuelles continues à partir des tendances et moyennes, autorise une tentative de dégager des volumes généraux.

---

[171] *Ibid.*, p. 53-54.
[172] Vismes, H. de, *Histoire authentique et touchante des marraines et des filleuls de guerre*, Paris, Perrin, 1918.
[173] Pourcher, Y., *Les Jours de guerre. La vie des Français au jour le jour entre 1914 et 1918*, Paris, Hachette, coll. « Pluriel », 1995.
[174] SHD 5N93 à 5N97 : armée française : organisation, mouvements et constitution d'unités, stationnement des troupes, fournitures (équipement, armement, chevaux), ravitaillement, poste aux armées, santé, transports, opérations militaires, missions, août 1914-juillet 1915 ; juillet-novembre 1915 ; novembre 1915-juillet 1916 ; août 1916-juin 1917 ; juillet 1917-mars 1918. Estimations faites à partir de calculs réalisés par l'auteur, reconstituant des séries, elles-mêmes basées sur les moyennes tirées de l'année 1916…

... *surmonter des monceaux de courrier*

Sont passées par le BCMP à Paris, entre arrière et front, et inversement, des quantités inimaginables d'objets de correspondance, circulant en franchise ou non, durant l'ensemble de la guerre[175].

Au moins 6,4 milliards de lettres, cartes-lettres et cartes postales par lesquelles les familles et les soldats ont exprimé leurs espoirs dans la victoire, leurs peurs vis-à-vis de la mort, leurs peines de la séparation du couple, de la famille, de la fratrie.

Au moins 320 millions de paquets-poste et autres chargements recommandés ont matérialisé cette « ligne de vie », selon l'expression créée par l'historien Benjamin Thierry[176]. Dans le sens montant, elle a sous-tendu un ravitaillement alimentaire d'exception, fait de victuailles rappelant les terroirs ; livarots et camemberts avancés, melons mûrs, poires juteuses, compotes liquides, escargots de Bourgogne, langoustes et mayonnaise, composent l'extraordinaire et inattendu contenu des envois, en plus des cigarettes, du chocolat, du sucre, des fruits séchés. Quoique beaucoup de ces produits aient été largement interdits de circulation par les directives postales pour des raisons sanitaires, il s'avère que les opérateurs postaux ont souvent fermé les yeux sur les entorses au règlement. Cette « ligne de vie » fournit aussi le renouvellement de vêtements abîmés par les conditions de vie ou inadaptés aux saisons, comme des pantalons, des gants ou mitaines, des bonnets, écharpes et cache-nez, et des sous-vêtements de tout ordre. Dans le sens descendant, des vêtements sales ou usagés et des produits issus du petit artisanat des tranchées repartent vers l'arrière. Un décompte de « boîtes » qui ne comprend pas les colis postaux, qu'il faut donc ajouter à hauteur d'une estimation basée autour de 50 millions d'unités[177].

La presse, dans le sens montant, surtout réservée aux différents états-majors à tous les échelons, et quasiment absente dans le sens descendant, a été distribuée à au moins 126 millions d'exemplaires.

Pas moins de 19 millions de mandats-poste ont été échangés dans les deux sens : de l'argent de poche montait vers le poilu pour ses dépenses de cantonnement : une aide, tirée de la solde, était expédiée au foyer pour la subsistance de la famille ; on enregistre entre 1915 et 1917 des pointes de trafic de plus de 20 à 25 % lors des mois de novembre et décembre précédant les fêtes de Noël, quand l'argent dématérialisé sert à garnir les étrennes et les cadeaux.

---

[175] Ces calculs n'impliquent pas les données inconnues du BCMP de Marseille.
[176] Laborie, L., Richez, S. (dir.), *op. cit.*
[177] *Ibid.*

Au moins deux millions de télégrammes et pneus[178] ont circulé – ceux-ci ne sont pas concernés par la franchise – dont les chiffres ont été régulièrement amplifiés en décembre à l'occasion des fêtes pour des pensées ou attentions à adresser urgemment et indistinctement dans les deux sens.

En outre, tous ces volumes ne comprennent-ils pas les catégories inhérentes à la correspondance des civils entre eux ! Tant et si bien que le cumul intégral de la correspondance militaire et civile sur la période façonne un immense et jusque-là inégalé raz-de-marée postal dans cette France devenue « République des lettres[179] ». Il s'avère difficile de l'appréhender.

Trafic postal national, civil et militaire, en France (en un jour, de la première moitié du mois de décembre 1915)

Correspondances civiles affranchies	Nombre	Total par nature des correspondances
Lettres, cartes lettres et cartes postales	5 120 700	
Cartes postales illustrées	985 100	
Journaux	1 871 300	**9 062 200**
Imprimés divers	739 500	
Échantillons	172 800	
Chargements divers	172 800	
Correspondances diverses en franchise		
Correspondance administrative	292 000	
Paquets militaires affranchis	321 000	**661 600**
Paquets militaires gratuits	48 600	

---

[178] Terme pour qualifier la correspondance circulant par la Poste pneumatique à Paris. Voir Cermak, A.-L., Le Briand, E., *Le Réseau avant l'heure : la Poste pneumatique à Paris (1866-1984)*, Paris, Comité pour l'histoire de La Poste, coll. « Cahiers pour l'histoire de La Poste » (6), 2006.

[179] Hanna, M., « A Republic of Letters: The Epistolary Tradition in France during the World War I », *American Historical Review*, vol. 108, n° 5, 2003, p. 1338-1361.

Correspondances civiles affranchies	Nombre	Total par nature des correspondances
Correspondances militaires en franchise		
Originaire du front	3 135 000	
À destination du front	3 919 400	
Originaire des dépôts et places fortes	1 329 000	
À destination des dépôts et places fortes	1 370 900	
Originaire de l'armée d'Orient	69 500	10 746 500
À destination de l'armée d'Orient	75 700	
Originaire des GVC, de la flotte, du 5e Génie	197 000	
Originaires des formations sanitaires	325 000	
À destination des formations sanitaires	325 000	
Correspondances des prisonniers de guerre		
À destination des prisonniers français en Allemagne	168 000	
Originaires des prisonniers français en Allemagne	76 500	305 200
Destination de prisonniers français en France	35 100	
Originaires de prisonniers allemands en France	25 600	
Total général	20 776 300	

Source : *Annales des PTT*, 1916, p. 88.

Le tableau présenté ci-avant, en un jour de décembre 1915, montre que la correspondance dite « militaire en franchise » surpasse d'environ 1,5 million celle civile, donc forcément affranchie. S'il fallait extrapoler cette journée aux cinquante-deux autres mois de la guerre, cette donnée nous amènerait à évaluer ces chiffres à 600 millions d'objets plats de correspondance pour décembre 1915 et autour de 31 milliards le cumul de l'ensemble des lettres, cartes postales, cartes-lettres, journaux par abonnements et autres objets plats sur tout le territoire. Cependant, ce chiffre s'avère très surévalué. Le mois de décembre ne peut être considéré comme un mois étalon car il connaît traditionnellement un pic significatif de trafic causé par l'Avent, Noël et le dernier jour de l'année. Cette tentative de chiffrage est donc forcément vouée à l'exagération.

Quoi qu'il en soit, même si l'âge d'or que représente la décennie 1860 du Second Empire avait déjà provoqué un premier essor remarquable des échanges, jamais ceux-ci n'avaient atteint un tel sommet. Le passage par l'école républicaine d'une pleine génération de Français lisant et écrivant le plus souvent dans un français commun, plus rarement en patois régionaux[180], ainsi que la longue séparation de millions de familles, constituent les raisons majeures de l'incroyable explosion des correspondances. Il faudra attendre le tournant des années 1950 vers celles de 1960 pour retrouver des volumes de courrier comparables à traiter par la Poste[181].

… et veiller à l'état opérationnel du lieu

Si Lacroix a maîtrisé ces flux sans pareil avec brio, son éthique de postier civil a dû composer avec les injonctions du ministère de la Guerre et du GQG au sujet de l'application du retard systématique. Marty avait obtenu qu'il ne soit plus aveuglément appliqué partout dans les gares régulatrices à partir du début de l'année 1915. Mais il demeure cependant actif en fonction des desiderata du commandement et des circonstances du conflit. Déclaré par l'état-major, c'est le BCMP qui le fait appliquer dans les endroits désignés. Le rythme des ordres est hebdomadaire, sans pause, et les cibles aléatoires. Le 22 juin 1917, l'EM informe le ministère de la Guerre qu'il a donné instructions « à l'improviste » au BCMP pour faire diriger pendant cinq jours en sacs séparés vers la commission de contrôle postal de Noisy-Le-Sec, la correspondance d'arrivée (lettres) des 31e et 414e régiments d'infanterie. Quelques jours plus tard, le 28 juin 1917, le GQG demande de « donner ordre à chef du BCMP d'appliquer immédiatement un retard systématique de quatre jours comptés du jour d'arrivée au BCMP à correspondance destinée au 298e RI, secteur postal 58[182] ».

Lacroix a également dû régulièrement se battre avec ténacité pour conserver sous ses ordres une main-d'œuvre en nombre suffisant. En mars 1916, un appel à la mobilisation de nouvelles classes 1902 à 1904, menace de lui faire perdre cinquante agents et vingt sous-agents supplémentaires. Il émet une alerte préventive sur les conséquences néfastes que cette perte pourrait avoir sur le trafic à écouler lors des périodes de fin d'année[183]. Obtenant gain de cause, il requiert auprès du ministre de la Guerre une

---

[180] Françoise Mayeur, *Histoire générale de l'enseignement et de l'éducation en France*, t. III, *De la Révolution à l'École républicaine, 1789-1930*, Paris, Perrin, 2004.
[181] Voir les bases de données statistiques concernant l'activité postale en France sur www.laposte.fr/chp.
[182] SHD 5N96 : août 1916-juin 1917.
[183] SHD 7N2074 : organisation, personnel, fonctionnement, amélioration au début de la mobilisation, gares de rassemblement, bureaux-frontières, franchise postale et envoi de colis gratuits : service postal des armées alliées et ennemis.

meilleure reconnaissance pour ses subordonnés et sous-chefs de service. Il faut dire qu'une certaine presse partisane, notamment dans un article intitulé « Constitution et organisation du BCMP », avait alors révélé les ravages causés à Paris-Conservatoire par un labeur meurtrier (*sic*)[184] : « La maladie y fait des victimes », peut-on y lire, alors que les rares congés accordés hypothétiquement tous les dix, douze ou quinze jours, ne permettent pas aux agents de se reposer. Cette année 1916 n'est pas « terrible » uniquement au front…

Le souci de garantir la continuité de l'activité mobilise régulièrement le patron des lieux. Le BCMP, à pleine puissance de fonctionnement depuis trois années, gêne aux entournures l'activité civile des PTT sur leur site de Paris-Louvre. Lors du premier trimestre 1918, des plans d'aménagement futur circulent pour une relocalisation dans le IVe arrondissement de Paris, à l'angle du boulevard Bourdon et de la rue Bassompierre, au bord du bassin de l'Arsenal. Un bâtiment y serait construit, permettant de libérer des espaces pour le service téléphonique alors en pleine extension dans la capitale. Sont également évoquées la location d'un immeuble au croisement de la rue de Sèvres et du boulevard Raspail, et la délocalisation en province, à Châteauroux, Le Mans ou Orléans, vu la bonne qualité des dessertes ferroviaires.

Dans la foulée de ces considérations immobilières, Lacroix doit traverser une phase critique étalée sur deux semaines du mois d'avril 1918, comme « certainement la pire depuis la réorganisation de novembre 1914[185] », selon ses propres mots. Elle a été causée par la concordance d'un pic de courrier avec un déménagement de ses services au sein même de l'hôtel des Postes de Paris. Par mesures de sécurité anticipées, le BCMP voit sa voilure réduite de 2 230 m² à 1 469 m², tout en descendant ses activités au 1er étage et dans quelques parties des sous-sols.

Ce remodelage dans l'urgence faisait suite à une réunion provoquée par Émile Mazoyer. Le directeur de l'Exploitation postale au ministère des P&T y a convié les hauts cadres de la Poste civile pour évoquer l'environnement d'une menace : les bombardiers allemands *Gothas* mettent en péril la sécurité du personnel et l'exécution du service postal, en cas de nouvelle incursion au-dessus de Paris, comme à Londres l'année précédente puis à Paris au printemps[186]. À cette occasion, les personnels affectés dans le quadrilatère du Louvre, à l'hôtel des Postes et au central téléphonique, avaient fait preuve de maîtrise et de dévouement malgré la panique[187].

---

[184] *Le Cri postal*, 20 mai 1916.
[185] SHD 7N2075 : circulaires et instructions du GQG, fonctionnement du bureau central postal militaire, rapports de vérification des dépôts de corps de troupe ; franchises postales après la démobilisation.
[186] *Journal télégraphique de Berne*, 25 avril 1918.
[187] « Dévouement du personnel des PTT parisien au cours des récents bombardements », *Annales des PTT*, 1918, p. 372.

Dans un esprit d'anticipation, Marty et Lacroix exposent leurs propositions. D'abord sur le plan de la sécurité des 1 500 agents présents le matin dans le bâtiment, Marty voit un danger à concentrer le personnel dans un même local en raison des effets terribles produits par la déflagration des projectiles. Il demande que, si le personnel se rend dans les sous-sols, les hommes ne soient pas automatiquement séparés des femmes, « plus sujettes à l'affolement », selon ses propres mots.

Lacroix fait savoir qu'il a déjà pris l'initiative de charger les sapeurs et les sous-officiers de se tenir, en cas d'alerte, sur chaque palier pour faciliter l'évacuation des services.

À propos des modalités de continuité du service postal militaire en cas de sinistre[188], Marty et Lacroix avancent ensuite la solution d'un site de repli. En ferait office la construction de baraquements démontables de 300 mètres de long sur 13 mètres de large, installés sur le boulevard Richard Lenoir. L'utilisation ponctuelle du Grand Palais pour le service des paquets serait aussi envisageable.

Lacroix estime devoir faire fabriquer rapidement par le génie militaire un matériel de rechange comprenant 150 larges tables sur tréteaux, ainsi que 80 groupes de tri. En attendant que de nouveaux tabourets très appréciés par le personnel du BCMP puissent être mis à disposition, Lacroix fait savoir qu'il possède une réserve de 150 chaises pliantes d'un modèle de jardin. Il pourrait s'en procurer un nombre bien plus important à Champigny-sur-Marne où un stock de 5 000 s'y trouve. Très clairement, les deux hommes sont donc prêts à parer à toute éventualité future !

Jusqu'à son terme, tout comme celle de son acolyte Marty, la carrière d'Alfred Lacroix sous l'égide des militaires n'a été ponctuée d'aucune anicroche. La durée de sa présence à ce poste doit-elle à la qualité des liens et à la solidarité que les deux hommes ont pu faire naître durant l'épreuve ? Doit-elle aussi quelque chose à la proximité ancienne que Lacroix a pu entretenir au ministère avec Mazoyer, qui a été son chef à la direction de l'Exploitation, et qui tient lui aussi son poste durant toute cette période troublée ? En matière de reconnaissance, Lacroix reçoit la Légion d'honneur le 7 novembre 1914, quelques jours avant sa nomination à la tête du bureau central militaire : il en devient officier le 20 septembre 1920[189].

---

[188] SHD 16N2702 : organisation et fonctionnement : correspondance générale, « procès-verbal de la séance du 4 mars 1918 ».
[189] Base LEONORE, dossier 19800035/732/83179 : LACROIX Alfred Léon, 1866/01/20, Ardennes ; Rumigny (en ligne sur le site du ministère de la Culture).

Deux experts aux manettes

Constitué comme un binôme de hauts fonctionnaires civils dans un univers de militaires, Marty et Lacroix font valoir leurs compétences croisées à diverses reprises.

Dès août 1914, s'était posée la question sensible de l'acheminement de la correspondance auprès des hommes œuvrant dans les unités des convois automobiles de l'armée, étant responsable du ravitaillement en viande fraiche et du transport des unités sanitaires. Ils sont dépourvus d'adresse, leurs itinéraires devant rester secrets, ce qui laisse leur correspondance en souffrance au BCMP. Si le SPCA (service postal des convois automobiles) est rapidement créé, le souci du courrier n'est pas tout à fait réglé, sorte de bureau central spécial implanté boulevard de l'Hôpital et destiné à faire parvenir le courrier postal des formations suivantes : formations automobiles, unités d'artillerie lourde à grande puissance, artillerie d'assaut, sections de transport, de personnel télégraphique, les tracteurs agricoles, tout n'est pas parfait.

Dans la seconde moitié du conflit, Marty rend un rapport au commandant en chef sur la réforme de ce service, visant notamment à le rattacher aux ordres de Lacroix, dans un but de mutualisation des moyens, mais aussi de précision de l'acheminement, alors que le fonctionnement du BCMP est désormais rôdé. Le 24 octobre 1916, Denis, contrôleur des armées, dans son contre- « rapport sur le service postal des convois automobiles » estime la réforme possible en s'appuyant sur l'expertise des deux postiers : « on estime avec M. le payeur général Marty et M. le payeur principal Lacroix qu'il y aurait avantage à charger le BCMP du service postal actuellement assuré par le SPCA[190] ».

Plus tôt, en mai 1915, alors que l'usage des paquets-poste est en plein essor, le ministère de la Guerre souhaite un rappel aux consignes. Il s'agit de faire la chasse aux contenus non réglementaires dans les envois, notamment l'exclusion des matières alimentaires périssables[191]. Lacroix est rappelé à l'ordre par sa hiérarchie afin d'obtenir, de la part des bureaux de poste, l'identité précise des contrevenants quand les envois ont été faits en recommandés. Ce travail relatif à la réglementation technique postale révèle toute la valeur ajoutée attendue de la part des deux fonctionnaires.

Ils en font étalage à propos de cette vague de lettres reçues par les aviateurs, ces nouveaux héros, soudain phénomène de société qui cache un

---

[190] SHD 7N2073 : organisation, personnel, fonctionnement, amélioration au début de la mobilisation, gares de rassemblement, bureaux-frontières, franchise postale et envoi de colis gratuits : service postal des armées alliées et ennemis, « Rapport sur le service postal des convois automobiles », 24 octobre 1916.

[191] SHD 7N2074 : « Lettre du ministère de la Guerre au payeur principal Lacroix », mai 1915.

sujet sensible. En décembre 1916, Lacroix et Marty échangent ces propos sur l'opacité de la double identité postale des as de l'air[192] :

> J'ai l'honneur de vous faire connaître que le personnel affecté au tri m'a signalé le nombre anormal de lettres adressées à des militaires appartenant aux escadrilles d'aviation. J'ai fait procéder à un comptage portant sur quelques noms seulement. Certains dans la liste ne sont pas les noms véritables des destinataires qui se sont dès lors constitués, dans leurs formations de combat, des adresses fictives tenant lieu des initiales ou des noms supposés sous lesquels dans la vie civile, des clients de la poste-restante se font écrire. Quant aux lettres, ce sont assurément des réponses à des annonces parues dans des journaux en vue de servir d'amorce à des relations recherchées autant par celles qui lisent ces annonces que par ceux qui les font paraître.

Les plus populaires des pilotes aux surnoms bigarrés reçoivent par exemple, chaque jour 83 lettres pour « Langson », 58 pour « Bar », 37 pour « Langarag », 29 pour « Timor ». Si cette pratique était démultipliée à l'échelle de tous les soldats, le trafic du BCMP qui est déjà considérable, atteindrait des chiffres énormes. Cette double identité relève certainement d'un abus de la loi.

Les deux hommes sont à l'origine du signalement à Paris d'une poste-restante privée, l'agence Iris, au 22 rue Saint-Augustin[193]. Elle sert d'intermédiaire pour la réception, sous des pseudonymes, et la réexpédition avec les adresses réelles, de lettres que les destinataires, officiers ou hommes de troupes, désirent ne pas faire envoyer par le canal traditionnel. Les autorités militaires ont rapidement regardé d'un œil moralisateur et inquiet la nature de ces correspondances qui se mettent en place entre marraines et soldats en manque d'affection via les annonces d'une certaine presse, comme *La Vie parisienne*[194]. Sur un plan postal réglementaire, les militaires n'ont en plus pas le droit d'user de la poste-restante, encore moins de recourir à une poste-restante privée qui enfreint les considérations de secret chères au commandement[195] :

> Si les lettres échangées par l'intermédiaire de l'agence en question ne sont que ce qu'elles paraissent être, n'est-il pas à craindre qu'il ne se glisse parmi elles, un petit nombre de correspondances qui auraient besoin d'être surveillées ? Enfin si comme on peut le supposer, les clients militaires de l'agence en question

---

[192] SHD 16N2702 : « Lettre du payeur principal Lacroix au payeur général Marty », 14 décembre 1916.
[193] Le Naour, J.-Y., « Les marraines de guerre », en ligne, <www.jeanyveslenaour.com/images/les%20marraines%20de%20guerre.pdf> [consulté le 21/07/2017].
[194] Vismes, H. de, *Histoire authentique et touchante des marraines et des filleuls de guerre*, op. cit.
[195] SHD 16N2702 : « Lettre du payeur principal Lacroix au payeur général Marty », 14 décembre 1916.

Une mission au long cours 103

> indiquent à celle-ci, pour permettre les réexpéditions, leur adresse complète, y compris le numéro du secteur postal, ladite agence dispose du moyen de reconstituer dans une large mesure, l'ordre de bataille de l'armée. Peut-être serait-il bon de s'assurer qu'elle n'a pas réuni trop de renseignements et qu'elle ne mésuse pas de ceux qu'elle possède. Peut-être y aurait-il intérêt soit à lui défendre de continuer à servir d'intermédiaire pour des échanges de correspondances avec les militaires du front, soit à surveiller étroitement les lettres qui y passent [...].

Les hauts fonctionnaires s'émeuvent du risque de fuite, désormais autant imprégnés des ordres militaires que de leur éthique civile.

En mai 1917, la question de la correspondance des prisonniers de guerre fait l'objet de deux sessions de la commission d'étude auxquelles Marty et Lacroix participent en tant qu'experts. Il s'agit de réviser la façon de mieux acheminer rapidement les correspondances colis et mandats destinés à ces prisonniers retenus dans la zone des armées. En France, des dotations de cartes postales et d'enveloppes imprimées spéciales sont remises aux prisonniers dans leur compagnie de prisonniers de guerre. Pour mieux identifier les prisonniers, Marty préconise l'établissement d'un répertoire postal qui serait composé de fiches établies directement par les formations intéressées et transmises soit au bureau de renseignements aux familles à Paris soit à un organisme nouvellement créé.

Marty et Lacroix ont donc formé un inattendu binôme de direction au sommet de la Poste aux armées. Seulement sept mois après leur installation, Louis Deshayes, au nom de la commission parlementaire des PTT, souligne devant les députés le profil complémentaire de deux hommes, qui ont déjà fait leur preuve face à l'adversité :

> Le choix de ces deux fonctionnaires, qui avaient fait preuve à des titres différents, d'un remarquable esprit d'organisation et d'une haute conscience professionnelle, était particulièrement heureux. Notre commission a pu se rendre compte que, sous leur impulsion, le service postal militaire à l'arrière n'a cessé de s'améliorer pour arriver enfin à cette régularité mathématique qui l'a si favorablement impressionnée lors de ses récentes visites au bureau central militaire et dans les bureaux-frontières[196].

Cette reconnaissance manifestée par l'autorité politique a certainement agi comme un ciment entre les deux hommes. Leur collaboration professionnelle ne s'est finalement pas limitée à cette période de la guerre. Ils ont eu l'occasion de voisiner encore. Une fois la paix revenue, Lacroix succède d'ailleurs à Marty pendant quelques courtes semaines comme payeur général des armées, avant de revenir à ses fonctions civiles. Dès janvier 1919, il y poursuit sa

---

[196] Deshayes, L., « Rapport sur le fonctionnement de la Poste aux armées », *Chambre des députés*, n° 1017, juin 1915, p. 48.

carrière durant quelques mois comme directeur de la ligne des ambulants vers la Méditerranée[197] ; il achève ensuite celle-ci comme inspecteur général à partir de 1921, redevenant finalement un collègue de Marty juste avant la retraite de celui-ci en 1924, puis occupant la place laissée vacante.

Durant cette décennie, les deux hommes ont très probablement noué des liens de respect et d'amitié très forts et pérennes. Lacroix s'en émouvra d'ailleurs à l'occasion des obsèques de son ancien chef dont il aura l'honneur de prononcer l'oraison funèbre publique[198].

II. Marty bien affairé

Marty n'entretient pas qu'une relation étroite et exclusive avec Lacroix pour mieux relier entre elles toutes les dimensions, postale, civile et militaire.

Le lien avec la sphère politique

Les réformes Marty désormais sur les rails, il s'agit pour le haut fonctionnaire de les appuyer auprès du monde politique échaudé par la crise postale initiale qui avait ému l'opinion. Il s'agit pour la Chambre des députés d'empêcher toute dérive potentielle. Lors du premier semestre de 1915, elle est saisie de fréquentes questions posées, voire traversée par un récurrent courroux manifesté par de nombreux élus auprès du ministre de la Guerre ou de son collègue des PTT sur les dysfonctionnements postaux, militaires ou pas, que des représentants du peuple estiment voir perdurer. Dès le début de l'année, le patron de la commission parlementaire, Louis Deshayes, demande la constitution d'une liste utile dans les divers dépôts militaires : celle des fonctionnaires des Postes régulièrement mobilisés dans les différentes armées et déclarés inaptes à faire campagne, afin de les faire verser d'office dans le service des Postes aux armées et utiliser ainsi leurs connaissances professionnelles[199].

Fin janvier 1915, c'est le député Henry Fougère qui donne l'exemple précis du secteur postal n° 54 : touché par les dysfonctionnements de la Poste aux armées, il ne voit arriver à destination, depuis le 12 novembre 1914, aucune lettre ni colis adressés depuis l'arrondissement de la Châtre (Indre)

---

[197] CAC F90 20988, LACROIX Alfred Léon, 20/02/1866, receveur principal hors classe.
[198] Archives familiales, M. Roussel : Alfred Lacroix, « Allocution prononcée le 23 décembre 1940 aux obsèques de l'inspecteur général des PTT retraité, Marty... », archives familiales, M. Roussel.
[199] *Journal officiel de la République française. Débats parlementaires*, séance du 19 janvier 1915, p. 26.

à un soldat d'infanterie. En séance du 2 février 1915, le député Margaine s'inquiète de savoir si le bureau central militaire, malgré les inconvénients inhérents à son organisation, aura la capacité de continuer longtemps à fonctionner[200]. Plus tard, le 24 juin 1915, Jules Nadi, demande au ministre s'il ne serait pas possible, soit pour l'extension soit pour la réorganisation de la « Poste aux armées », en remplacement des gradés et soldats non professionnels qui seraient ainsi rendus aux unités combattantes, de faire appel aux anciens aspirants surnuméraires, sous-officiers, caporaux et soldats qui se trouvent dans les unités territoriales. Ceux-ci, déjà formés par plusieurs années accomplies dans les recettes principales des Postes en assurant divers services (guichet ou courrier), seraient aptes à rendre de réels services[201].

Dans la même logique relative aux compétences professionnelles, le député Paul Laffont fait une demande au ministre de la Guerre, le 11 novembre 1915. Celle de donner des instructions pour que les militaires chargés des services de la Trésorerie et des Postes aux armées, comme des fonctions de vaguemestres, soient remplacés par des agents civils des Postes, et notamment par des facteurs-receveurs qui ont toutes les connaissances professionnelles nécessaires ; et, dans le cas de l'affirmative, de s'assurer que, dans tous les corps d'armée, ses instructions soient exactement suivies.

Dans un contexte de « débâcle du service postal » qui s'efface progressivement au fil de l'année 1915, la commission des PTT se donne pour mission de « coopérer utilement à l'œuvre même de la défense nationale »[202]. Elle entreprend de vérifier que la partie civile des Postes est à la hauteur des enjeux et bien connectée au chaînon militaire. Au Bourget par exemple, le 28 février, elle est dépêchée à la gare régulatrice qui a la responsabilité de l'expédition des objets de correspondance vers le front pour les armées du Nord, alors que sa jumelle de Noisy-le-Sec opère pour les armées de l'Est. Menée pour l'occasion par le député de Seine-et-Oise, Louis Amiard, celle-ci visite les installations avec le plus vif intérêt dans le sillage du payeur général Marty. Les opérations du transbordement du tri et de la transmission des correspondances militaires sont assurées par les soins du service des Postes mobilisé.

Contrainte, jusque-là, à la surveillance civile, la commission obtient de la Représentation nationale une extension de son champ d'investigation, afin de proposer des améliorations utiles. Ses pouvoirs d'enquête ont été étendus sur le service de la Poste aux armées, à la demande du député de la Charente, Antoine Habaud-Lacroze et de plusieurs de ses collègues.

---

[200] *Ibid.*, p. 134.
[201] *Ibid.*, p. 954.
[202] Deshayes, L., « Rapport sur le fonctionnement de la Poste aux armées », *Chambre des députés*, n° 1017, 15 juin 1915, p. 2.

Dès le printemps, elle s'organise dans l'optique de rendre un rapport circonstancié. De mars à juin 1915, sept délégations de la commission des PTT sont autorisées par le ministre de la Guerre à visiter les différents sites chargés de l'acheminement et de la distribution des correspondances militaires.

Les trois premières se sont rendues au bureau central militaire de Paris, où elles ont étudié les conditions d'arrivée, de tri et de départ des lettres et paquets adressés aux troupes en opérations. Elles ont aussi pu voir fonctionner les bureaux-frontières installés dans les gares régulatrices, qui reçoivent du BCMP les sacs destinés aux secteurs postaux d'une même armée. Elles ont aussi assisté à l'arrivée de ces sacs dans les gares de ravitaillement, puis dans les bureaux de payeurs, où ils sont répartis entre les vaguemestres. Elles ont enfin suivi les opérations de classement et de distribution des lettres et paquets si impatiemment attendus des soldats. Leur découpage était la zone nord, la zone centre-est et la zone est.

Trois autres délégations se sont occupées spécialement de l'exécution du service postal dans les dépôts des corps d'armée, par grande zone géographique à savoir les régions Ouest-Sud-Ouest, Centre-Midi et Est-Sud-Est.

Une dernière, enfin, a fait porter son attention sur les relations entre les prisonniers de guerre et leur famille.

C'est dans les Vosges et en Alsace qu'on retrouve trace du périple de la sous-commission de la zone est, qui a délégué trois représentants, Louis Amiard, Auguste Goust et Paul Mistral, au plus près des combats pour questionner la nouvelle organisation du service postal aux armées. Marty et Frappier, payeur général des armées de la région, sont les deux guides des représentants de la nation. À cette occasion, la sous-commission lâche auprès des reporters de presse que le service postal s'est « réellement amélioré depuis quelque temps » et qu'étant donné les difficultés multiples à surmonter, les résultats obtenus étaient satisfaisants. Un avis globalement partagé par d'autres délégations, que l'on retrouve synthétisé par Louis Deshayes dans son rapport final fait à la Chambre. Il s'y exprime en session à la mi-juin à l'occasion de sa remise officielle : « l'organisation actuelle du service postal militaire est, dans son ensemble, logique et bonne. Depuis plusieurs mois, elle fait ses preuves. Elle a d'ailleurs été accueillie avec faveur par le pays tout entier[203] ».

Autosatisfaction facile ou réel soupir de soulagement de responsables soumis à une pression drastique ? N'en demeure pas moins que Marty a évidemment dû se démultiplier pour accompagner les diverses missions parlementaires évoquées plus haut. Lui-même a su se rendre disponible pour le propre compte de l'inspection générale technique de la Poste aux armées :

---

[203] *Ibid.*

du 26 avril au 2 mai, il est en mission dans plusieurs secteurs des détachements de l'armée de Belgique où il y juge « le service d'une manière satisfaisante[204] ».

L'année 1915 est celle de tous les dangers, de toutes les incertitudes sur la portée de la réforme : elle est aussi celle des déplacements fondateurs pour faire découvrir le nouveau fonctionnement postal aux députés. Mais dès la fin du premier semestre, Marty peut éventuellement s'autoriser à souffler, sa réforme se voit reconnue et félicitée. En moins de huit mois, la situation postale des armées françaises est revenue à la normale et les constats alarmistes de l'hiver ont intégralement disparu.

Photo, dont la date est estimée entre mars et juin 1915
Marty, en tenue militaire (2ᵉ en partant de la gauche) pose avec Joseph Joffre (4ᵉ),
Alexandre Millerand (5ᵉ) et des membres de la commission parlementaire des PTT
ayant délégation de la zone nord, dont Louis Deshayes (6ᵉ)

Source : fonds privé, Michel Roussel

Tant et si bien qu'à l'issue d'une année 1915 riche en inspections, le très populaire magazine *Lectures pour tous*, lu aussi largement à l'arrière qu'au front, conclut ainsi, dans son numéro de décembre, un article de fond sur le fonctionnement de la Poste aux armées par un constat quasi hagiographique :

---

[204] SHD 16N2701 : « Section du service postal, questions traitées du 26 avril au 2 mai 1915 ».

En résumé, l'état-major de l'armée et l'administration des Postes ont su trouver le moyen de concilier la bonne marche du service postal et les nécessités militaires. À ce point de vue, comme tant d'autres, nos soldats sont, de l'aveu même de nos ennemis, mieux, beaucoup mieux traités que ceux de l'armée allemande. Cette comparaison n'est-elle pas le meilleur éloge qu'on puisse faire de notre Poste aux armées ?[205]

En filigrane de cette organisation tout à l'honneur de la France, jamais cité ni identifié, rouage essentiel de cette conciliation soulignée par le journaliste entre l'état-major et l'administration des Postes, se trouve un homme, Marty, dont l'efficace réforme aura permis de dresser ce tableau.

Le ténor de l'inspection générale technique de la Poste aux armées

C'est sur ces bases solides que Marty œuvre à la tête de l'IGTPM dans des domaines d'interventions extrêmement larges.

Il est d'abord le garant du fait que la Poste aux armées fournisse aux soldats les moyens de correspondre. À l'été 1916, les relevés statistiques concernant les cartes-réponses possédées par les armées à distribuer aux soldats sur présentation du livret militaire, témoignent partout de stocks au plus bas : par exemple, la IIe armée en réclame en général le double de d'habitude, à savoir 26 000 unités pour la période de l'été[206]. Il est aussi un facilitateur de collaboration, notamment lorsqu'il s'agit de répondre à l'appel à l'aide du ministre des PTT au sujet de la gratuité à venir faite aux mobilisés pour le renvoi par la Poste, en juin et novembre, de leur linge et sous-vêtements[207]. Clémentel sollicite le concours de la Poste militaire pour que la Poste civile ne sombre pas définitivement, à cause de l'application généralisée et massive de cette mesure.

Autant Marty a promu une meilleure relation entre Postes militaire et civile, autant il est le garant de l'étanchéité juridique entre les deux réseaux, notamment sur la question si sensible de la censure. D'un côté, les postiers civils sont parés de leur éthique professionnelle dans le cadre de la prestation de serment, remontant à la Révolution, qui leur fait garantir l'intimité des lettres. De l'autre, le pouvoir politique et militaire qui souhaite contenir les opinions. Au milieu, Marty, tenu par sa culture autant que par sa hiérarchie, mais dont le mandat exclut toute autorité

---

[205] « La Poste aux armées », *Lectures pour tous*, décembre 1915, p. 256.
[206] SHD 16N2702 : organisation et fonctionnement : correspondance générale, dossier « janvier à septembre 1916 ».
[207] SHD 16N2702 : « Lettre du ministre des PTT à M. le ministre de la Guerre », 7 juin 1916.

Une mission au long cours 109

sur cette chasse gardée militaire. Le cadre réglementaire théorique va en se durcissant au fil du conflit. Lors des six premiers mois, le versant postal de la censure ne consiste qu'en un retard volontaire appliqué dans l'acheminement des lettres vers l'arrière[208]. Le conflit s'annonçant plus long, le GQG institue dès janvier 1915 une censure plus opérationnelle appelée « contrôle postal ». Joffre en explique le but : « [...] vérifier le respect de l'interdiction faite aux militaires de nommer dans leurs lettres la localité où ils se trouvent ». Le premier filtre réside dans l'obligation faite aux soldats de remettre leurs lettres, ouvertes, non cachetées, aux vaguemestres. Maintenue jusqu'à l'été 1915, cette pratique est supprimée devant l'hostilité de la troupe et les recommandations de Marty.

Plus importante est la mise en place des rouages de l'organisation du contrôle. Dans les gares de ravitaillement, des sacs de dépêches, tirés aléatoirement ou sur désignation de tel ou tel régiment par le commandement militaire, sont passés au crible par les militaires-postiers, à raison de quinze à vingt hommes parmi les plus habiles avec la langue française, affectés dans chaque commission de contrôle installées dans les juridictions des bureaux de payeur. On édicte qu'une unité dans chaque régiment devra être contrôlée une fois par mois pour au moins 500 lettres[209]. Un « lecteur » – et non pas « censeur » comme insiste l'autorité militaire – est soumis à des cadences journalières de 250 lettres à traiter : il s'agit de lire, parcourir, si besoin « caviarder », c'est-à-dire raturer ou découper le passage ou les mots gênants, voire détruire la lettre en fonction du degré de gravité des passages incriminés. Mais il s'agit aussi plus fondamentalement de recueillir les avis, jauger l'opinion et sonder les versions des correspondants afin de constituer des recueils d'informations pour l'état-major.

Le conflit s'englutant, les esprits devenant plus revêches, l'insubordination et le défaitisme gagnants suite aux grandes hécatombes, le contrôle postal voit ses moyens et son périmètre élargis. En décembre 2016, est spécifié que l'intégralité de la correspondance militaire à destination et venant du front d'Orient sera contrôlée. De même, on réclamera chaque jour le courrier complet d'un certain nombre d'unités ciblées dont sera lue une partie du courrier, la capacité des contrôleurs étant montée à 280 lettres par jour[210].

À la fin de l'année 1917, les bureaux de poste civils, dans et immédiatement proches de la zone des armées, sont amenés à laisser intervenir dans leurs

---

[208] Voir chapitre IV et début du chapitre V.
[209] Cabanes, B., « Ce que dit le contrôle postal », dans Prochasson, C., Rasmussen, A. (dir.), *Vrai et faux dans la Grande Guerre*, Paris, La Découverte, 2004, p. 56.
[210] Jeanneney, J.-N., « Les archives des commissions de contrôle postal aux armées (1916-1918). Une source précieuse pour l'histoire contemporaine de l'opinion et des mentalités », *Revue d'histoire moderne et contemporaine*, XV, n° 1, 1968, p. 212.

murs des officiers du contrôle[211]. La mesure a été adoptée avec l'accord du ministère des PTT, qui a dû céder face à la coercition militaire qui veut noyer la propagation des idées pacifiques et les fuites sur les conditions de vie des poilus. Bardé de ces larges prérogatives et, relayé régulièrement par les bureaux de poste auprès des civils et par les vaguemestres auprès des soldats sur les conditions théoriques de son exercice et les risques encourus, le contrôle n'est toutefois pas une pieuvre. Des 2,5 milliards de lettres annuelles échangées réciproquement entre arrière et front, il n'en « contrôle » réellement que $1/40^e$ à $1/80^e$ sur la durée du conflit[212], soit par choix, soit par négligence ou contingence, soit tout simplement par limite humaine de l'organisation. Et surtout, lui échappe totalement l'opinion des lettres entre civils dans la zone de l'arrière !

Inévitablement, cet environnement paranoïaque et suspicieux implique détours, resquilles et abus qui n'échappent pas à l'IGTPM. Par exemple, en juin 1916, une saisine lui est transmise par le payeur général Frappier et principal Plumereau de la VIIe armée, sur le sujet de la mise en relations des bureaux civils et des bureaux de la trésorerie et poste en Alsace. Dans les aires reconquises, certains militaires jettent leur courrier dans les boîtes aux lettres de rue, alors que cela leur est formellement interdit puisqu'ils dépendent d'un secteur postal.

A contrario, Marty est amené à assurer une « police postale » pour limiter les abus de pouvoir militaires. En septembre 1915, informé par le directeur des Postes de l'Oise d'un échange entre le ministre des P&T et son homologue de la Guerre sur une affaire de saisie de courrier au bureau de poste de Vineuil-Saint-Firmin par les autorités militaires dans des conditions irrégulières, il intervient pour rappeler les périmètres inaccessibles à l'armée à l'intérieur du service postal civil[213]. En juin 1916, il interpelle le général Fayolle, commandant la VIe armée, le directeur des PTT de la Somme et le chef de bataillon Marchal, responsable de la commission de contrôle postal d'Amiens. Celle-ci a opéré une intervention délictueuse au bureau de Saint-Valéry-en-Caux alors que l'armée n'y avait aucune dérogation pour le faire. Ces deux cas témoignent parfaitement de la pression postale exercée par les militaires sur l'exercice normal du service.

---

[211] SHD 16N27702 : « Le ministre de la Guerre au général commandant en chef : note sur les modalités du contrôle de la correspondance dans la zone des armées », 17 novembre 1917.

[212] Jeanneney, J.-N., « Les archives des commissions de contrôle postal aux armées... », *art. cit.*, p. 212.

[213] SHD 16N2702 : « Lettre du directeur des Postes de l'Oise à l'inspecteur général technique de la Poste aux armées », 7 septembre 1915.

Dans un autre domaine, il est un thème qui gagne en importance tout au long du mandat de Marty : la question de la présence automobile dans le service postal. Avant son arrivée à la tête de l'IGTPM, de la fin septembre 1914, le président du Conseil, René Viviani, et le ministre de la Guerre, Alexandre Millerand, avaient déjà décidé d'affecter dans l'urgence une cinquantaine de voitures automobiles postales civiles réquisitionnées pour accélérer les relations entre le front et les gares proches. Quatre mois plus tard, dans une lettre du 29 janvier 1915, Gaston Thomson, ministre des PTT, témoigne de son inquiétude au ministre de la Guerre, de ne pas voir l'armée recevoir les deux cents véhicules automobiles ou hippomobiles affectés parce que le commandement aurait décidé de s'en tenir au chemin de fer[214]. Éclairé des enjeux de la mobilité à fort pouvoir de projection, rapide et capacitaire, Marty va défendre *mordicus* cette vision utilitaire. Il en a l'occasion à l'été 1917, dans une note à la direction de l'Arrière du 8 août 1917, pour se poser comme médiateur :

> Je crains que l'accord ne se fasse pas si l'on continue à correspondre. On arriverait plus aisément sans doute, dans une conversation, à concilier les deux points de vue. Je propose de demander au ministre de prier l'administration des Postes de déléguer un fonctionnaire pour venir traiter la question au GQG avec des représentants de la direction de l'Arrière et celle des Services automobiles.

La réunion au sommet provoquée par Marty doit mettre fin à des mois de dialogue de sourds opposant d'un côté, Mazoyer, directeur de l'Exploitation postale aux PTT et son ministre Clémentel, avec de l'autre, le ministère de la Guerre ou la direction de l'Arrière au GQG. En mars, ce sont les premiers qui sollicitent les seconds au sujet des véhicules de l'armée à mettre à disposition pour la reprise du service postal civil dans les régions appelées à être reconquises du Pas-de-Calais à la Moselle. En avril, ce sont les premiers qui demandent à Marty d'être le relais des demandes auprès des services automobiles, notamment quant au besoin express d'un fort tonnage à emporter (500 à 600 kg nécessaires) sur les circuits à rétablir, avec cinq véhicules dans la Somme, puis de l'Aisne. En mai, c'est la direction des services automobiles qui mégote pour la mise à disposition de la Poste de trois véhicules pour l'Aisne, dont elle demande cependant l'accompagnement obligatoire des convoyeur-postiers par des conducteurs militaires. Le même mois, à l'inverse, c'est la IVe armée qui demande que le service postal soit opéré par des voitures postales civiles et non pas militaires, afin de diminuer les frais de consommation d'essence.

---

[214] SHD 16N2702 : « Lettre de Gaston Thomson, ministre des PTT au ministère de la Guerre », 29 janvier 1915.

Ordre de mission pour une tournée d'inspection de Marty en octobre 1916

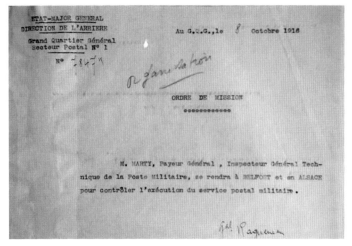

Source : SHD 16N2702

Invariablement concentré sur la notion de progrès, et désormais fort d'une vision panoramique sur le système postal militaire, Marty conserve une place pour l'esprit de réforme qui l'anime fondamentalement. Alors que la machinerie postale tourne à plein régime sans anicroche apparente, il prend part au débat sur un projet de réorganisation du service de la Trésorerie et des Postes dont la Chambre des députés débat en novembre 1917. Marty rédige pour l'occasion un mémorandum de quinze pages dans lequel il développe deux options révolutionnaires[215]. La première idée, jamais émise nulle part depuis la création de la Poste militaire sous Louvois, consisterait à séparer les deux structures définitivement. D'un côté l'activité postale et, de l'autre, la gestion financière des troupes. Chacune aurait sa propre ligne hiérarchique et serait cloisonnée afin d'éviter le mélange des genres. Ce serait la seule solution pour parvenir enfin à un fonctionnement fluide et efficace.

La seconde proposition sonne comme une demande de reconnaissance souhaitée de la contribution unique de la Poste au bon fonctionnement de l'armée[216]. Elle est aussi nourrie par la convergence civile et les conditions de fonctionnement réel des moyens de communication, dont Marty

---

[215] SHD 7N2076 : document de principe, circulaires et instructions du GQG, fonctionnement du bureau central postal militaire, rapports de vérification des dépôts de corps de troupe ; franchises postales après la démobilisation, « Propositions de réorganisation du service de la Trésorerie et des Postes aux armées », novembre 1917.

[216] Prenons en exemple le 5ᵉ régiment du Génie, dit régiment de sapeurs de chemins de fer.

a été superviseur en tant qu'un inspecteur général au sein des PTT. Pourquoi donc ne pas appliquer cette logique aux armées en campagne ? Marty souhaiterait que soit créée une section postale au sein même du 8ᵉ régiment du Génie dédié aux transmissions. Y seraient incorporés les agents et sous-agents de la Poste aux armées : elle servirait de sas d'appel et de démobilisation aux postiers mobilisés et à ceux s'apprêtant à les remplacer sur un prochain front. Estimant par-là que le processus postal et la technique qu'il requiert, comme le terrassement, la construction de voies ferrées, la réparation de routes ou de ponts, sont vitaux pour faciliter le mouvement ou le soutien aux forces armées. La proposition du postier ne sera pas suivie d'effets…

Le professeur « ès secteur postal »

Le nombre des bureaux de payeur passant de 156 initialement à 203 en janvier 1917, celui des secteurs postaux a suivi la même augmentation de 154 à 240 au paroxysme du conflit, fin 1916[217]. Une telle expansion numérique est à relier à la question de la gestion à long terme du système ; elle se pose de façon aiguë à l'automne 1915, sous un angle qui n'avait pas été envisagé à l'origine ! En effet, même secret et codé, le secteur postal a eu besoin de renouvellement pour ne pas tomber dans la routine.

Par une note aux allures de cours magistral, le « maître » Marty dissèque les possibilités de renouvellement systématique des numéros de secteurs[218], ainsi que les avantages et inconvénients de telles ou telles des modalités opératoires. Il aura fallu trancher entre la permutation simple des numéros dans le quota du moment (185 numéros) et l'attribution d'un numéro disponible à la suite de cette série, à tout secteur dans l'obligation d'en changer.

Comme le montre le tableau suivant, c'est la seconde solution qui est retenue plus d'un an plus tard. Il dévoile finalement une augmentation du nombre de numéros d'ordre bien plus importante que la création réelle de nouveaux bureaux de payeurs. Sur la gestion de la technique pure de renouvellement, Marty et Lacroix conviennent d'un commun accord de confier au BCMP la tâche d'être l'opérateur de ce roulement, et de fait, le liquidateur des secteurs postaux disparus[219].

---

[217] Si les chiffres ne correspondent pas exactement, il faut y voir un lien avec les écarts de dates des références.
[218] SHD 16N2702 : « Note sur le changement systématique des numéros des secteurs postaux », 2 octobre 1915.
[219] SHD 16N2702 : organisation et fonctionnement, correspondance générale, « La réexpédition des correspondances adressées sous un numéro de secteur postal supprimé ».

Le 5 novembre 1916, Lacroix fait demander à Marty le concours des payeurs afin que le système ne subisse pas de blocage, faute d'une remontée d'informations précises :

> Si le BCMP doit assumer le soin de liquider les secteurs dissous, il ne peut le faire de façon satisfaisante qu'autant que les payeurs de ces secteurs lui fourniront des listes de réexpédition. Je vous demanderai donc dans vos instructions, d'insister tout particulièrement pour que les payeurs mettent toute leur attention à l'établissement de ces listes.

Tableau de roulement des secteurs postaux à partir de novembre 1916

1ère Série de permutation 1° Novembre, par exemple		2è Série de permutation 1° Janvier		3è Série de permutation 1° Mars	
Numéros anciens	Numéros nouveaux	Numéros anciens	Numéros nouveaux (anciens numéros redevenus disponibles)	Numéros anciens	Numéros nouveaux (anciens numéros redevenus disponibles)
4	184	79	4	133	79
6	185	81	6	134	81
9	186	82	9	136	82
10	187	83	10	137	83
13	188	84	13	139	84
14	189	86	14	140	86
18	190	87	18	141	87
19	191	90	19	142	90
31	192	91	31	143	91
32	193	93	32	145	93
33	194	94	33	146	94
34	195	97	34	147	97
35	196	99	35	148	99
37	197	100	37	149	100
38	198	101	38	150	101
41	199	103	41	153	103
42	200	104	42	156	104
43	201	105	43	157	105
44	202	108	44	161	108
47	203	109	47	163	109
48	204	110	48	164	110
49	205	112	49	165	112
53	206	113	53	166	113
54	207	114	54	167	114
55	208	115	55	168	115
56	209	116	56	169	116
57	210	117	57	170	117
58	211	118	58	172	118
59	212	119	59	173	119
65	213	120	65	174	120
66	214	121	66	175	121
67	215	123	67	176	123
68	216	124	68	177	124
69	217	125	69	178	125
70	218	126	70	179	126
73	219	128	73	181	128
74	220	129	74	182	129
75	221	130	75	183	130
76	222	131	76	184	131 } Recomm
78	223	132	78	185	132 } cement

Source : SHD 16N2702

L'excellence de cette réforme fait que celle-ci est utilisée comme un objet à part entière de propagande de la supériorité française sur l'ennemi. Elle devient aussi une composante de fierté pour l'armée tricolore. La presse en fait l'éloge en diffusant le propre constat édifié par un journal d'outre-rhin sur les limites de la Poste aux armées impériales : « [...] même la meilleure organisation de poste en campagne ne peut pas empêcher que le courrier arrive avec deux semaines de retard, au plus, quand il y a de gros déplacements de troupes[220] ». Alors que le système inventé par Marty a permis d'atténuer les conséquences fâcheuses des mouvements des troupes françaises, à l'inverse, ceux de l'ennemi y sont exposés de plein fouet. Ce qui fait dire à la rédaction des *Cahiers de la guerre* que « la méthode postale allemande, l'organisation postale allemande, ne valent pas, toutes ensembles, le dernier numéroté de nos braves secteurs postaux[221] ». Quand Marty gère l'existant depuis deux ans, l'Allemagne ne copie le système français, selon les mêmes préceptes de sécurité des positions et d'efficacité de l'acheminement[222], qu'en février 1917…

Sur le moyen terme, la banalisation de la pratique du secteur postal a contribué à faire fondre les délais d'acheminement entre front et arrière. Au lieu des douze à quinze jours subis à l'automne 1914, les lettres parviennent en deux à cinq jours, suivant l'éloignement du secteur postal par rapport à Paris, dès le début de l'année 1916.

L'instructeur de la réforme des colis postaux

Relais des décisions politiques, patron de la gestion quotidienne, chantre d'une réforme urgente, Marty n'en perd pas pour autant son esprit réformateur. Après s'être attaqué à la structure du BCMP, après avoir modifié l'adressage militaire, il s'attaque à la reconfiguration du service des colis postaux.

La question de la « messagerie postale », sous-catégorie des objets de correspondance, se pose de façon aigüe depuis le début du conflit. Marty a réglé un pan de la question des contenants, à savoir celui des paquets-poste, en les confiant spécialement au site de Paris-Conservatoire au sein du BCCPM ; de même, par la suite, l'État a facilité leur usage auprès des familles par des incitations tarifaires successives en 1915 et 1916.

---

[220] « Die Feldpost », *Illustrierte Zeitung*, n° 3754, juin 1915.
[221] BnF, « La Poste aux armées. Pourquoi ceux du front recevaient nos lettres avec deux semaines de retard… », *art. cit.*, p. 224.
[222] « Suscription des correspondances militaires [en Allemagne]», *Annales des PTT*, 1917, p. 277-279.

Pour autant, l'autre versant « des boîtes » que sont les colis postaux[223] pose un problème majeur résidant dans la perception du contenant par les Français. Le désarroi se manifeste à tous les échelons, y compris aux yeux d'un opérateur majeur comme le commissaire postal de la gare de Saint-Dizier alertant directement Marty en janvier 1915 :

> Les recommandations faites au public par la voie de la presse en ce qui concerne le libellé des adresses des colis postaux me paraissent de nature, si l'on n'y met ordre, à avoir une répercussion fâcheuse sur le service de la Poste aux armées. Le public, qui saisit déjà difficilement la différence existant entre un colis postal et un paquet postal, sera induit en erreur, une fois de plus, par des termes impropres et des indications contradictoires. Nombre d'expéditeurs appliqueront aux paquets postaux de moins d'un kilogramme, des instructions qui visent seulement l'expédition de colis d'un poids supérieur. La plupart ne s'expliqueront pas qu'un même militaire doive avoir deux adresses différentes, l'une pour les lettres et paquets, l'autre pour les colis. Il en résultera de fréquentes confusions qui seront préjudiciables aux deux services. De plus, le rapprochement de ces deux adresses peut avoir des inconvénients au point de vue du secret de l'ordre de bataille. Le système des secteurs postaux s'il a quelques légers inconvénients, présente d'incontestables avantages qui ont été nettement démontrés par l'expérience. Il est regrettable que le service des colis postaux militaires ne puisse l'adopter[224].

Car en théorie, ce service apparaît comme beaucoup plus accessible pour les expéditeurs. Ils ont à leur disposition un mode d'envoi *a priori* moins coûteux que le paquet-poste, puisque ce colis postal militaire, transporté par les compagnies de chemins de fer ne subit une taxe que de 85 centimes.

En comparaison, sauf dans les cas édictés par l'État pour l'envoi en franchise, les paquets-poste sont plus chers[225] : ils coûtent de 10 cts pour 20 g à 1,10 F pour 1 kg, en plus d'un affranchissement majoré de 25 cts pour 1 kg et de 10 cts pour 500 g en cas de recommandation, facultative. Sans vraiment connaître ces subtilités, le public a rapidement donné la préférence aux paquets-poste, et de bonne foi, sur la présomption d'une plus grande confiance envers le service postal, plus rapide et plus sûr.

Si paquets et colis se ressemblent peu ou prou pour le *quidam*, ils relèvent en revanche de particularités totalement différentes dans leur

---

[223] Sur le sujet, Laborie, L., Richez, S. (dir.), *Les objets de nos pensées, op. cit.*

[224] SHD 7N2073 : organisation, personnel, fonctionnement, amélioration au début de la mobilisation, gares de rassemblement, bureaux-frontières, franchise postale et envoi de colis gratuits : service postal des armées alliées et ennemis, « Lettre du commissaire régulateur de Saint-Dizier », 7 janvier 1915.

[225] *Journal officiel de la République française. Débats parlementaires*, séance du 1er avril 1915, p. 512-513.

tarification, leurs canaux d'acheminement et la réglementation générale. Ces différences mènent à une impasse logistique. D'ailleurs la distinction entre les deux, si elle n'est pas toujours très nette, tente pourtant de se faire sa place, jusqu'au plus près des tranchées. Le lieutenant Henri Sentilhes du 117e régiment d'infanterie dans une lettre 27 février 1915 à ses parents, découvre que, selon ses propres mots qui restent encore imparfaits dans la désignation précise de l'objet, les « petits colis », par la voie postale, constituent un canal plus rapide et plus sûr que les colis postaux circulant par les compagnies de chemin de fer et les dépôts des régiments : « Je viens d'apprendre que pour les petits colis, il faut toujours les envoyer par la poste : ils arrivent en trois ou quatre jours, tandis que par le dépôt, ils mettent quinze jours, se perdant très souvent ou sont volés probablement […][226] ». Le constat d'un circuit défaillant concernant les colis postaux est ici flagrant.

C'est en juin 1916, à la suite d'un long processus de négociations, de travail d'instruction opéré dans l'ombre par l'IGTPM, que s'installent les principes de centralisme autour d'un BCMCP omnipotent et d'application des secteurs postaux aux colis. Il aura fallu à Marty convaincre toutes les parties prenantes afin que soit dupliqué le modèle du BCMP à son cousin.

D'abord les Douanes, qui concèdent un terrain. Il porte leur ancien hall dans la dépendance de la gare de Reuilly. Celui-ci va devenir le cœur du BCMCP, capable de traiter quotidiennement 40 000 colis charriés par 700 wagons. Désormais, tous les colis postaux collectés en France par les compagnies de chemin de fer, en direction du front, transitent par cette gare parisienne, qui supplante les gares du Nord et de l'Est anciennement désignées pour la réexpédition vers les armées[227].

Ensuite, il a fallu convaincre le ministère de la Guerre, pour que celui-ci paie les dépenses d'installation et d'aménagement évaluées à 100 000 F. Il s'agit d'abandonner l'organisation obsolète qui voyait les dépôts de corps d'armée comme centralisateur, au profit des gares régulatrices d'où les colis, désormais ensachés à part à l'instar des autres objets du canal postal, étaient acheminés vers les bureaux de payeur en camionnette.

Enfin et surtout, il a fallu rallier les compagnies de chemin de fer, principales opératrices pour le transport des colis sur le territoire (les bureaux de poste n'intervenant qu'à la marge), sur lesquelles repose l'effort d'acheminement. Elles acceptent de rediriger certains de leurs convois vers Paris-Reuilly et maintiennent leur tolérance tarifaire, en vertu de laquelle elles acceptent de transporter, au tarif des transports militaires, de Paris aux gares régulatrices, les colis envoyés par le BCMCP. Plus tard même, par une

---

[226] Collectif, « Lettre du 27 février 1915 », *Lieutenant dans les tranchées à 19 ans, op. cit.*
[227] SHD 7N2073 : « Note pour les commissaires de réseau », 29 mai 1916.

prescription du 31 mars 1917 offrant l'envoi en franchise des colis remis directement et uniquement dans les gares (le dépôt en bureau de poste demeure payant), elles acceptent de rogner leur marge. Elles en seront remerciées en 1918 par un texte de loi adopté par l'Assemblée nationale porté par Louis Deshayes[228] ; une augmentation de la taxe ferroviaire sur le transport des colis postaux, active pendant six années après la fin de la guerre, leur permet de combler une partie de leur perte.

Au début du second semestre 1917, les organes de traitement des objets de la correspondance sont totalement opérationnels : les deux semaines pleines nécessaires alors en moyenne pour qu'un colis postal trouve son destinataire au front ont été ramenées à cinq jours. Et pourtant, dans ses mémoires professionnelles, Marty dressa rétrospectivement un constat d'échec en pointant du doigt la liste des trop nombreux aspects non maîtrisés par ses soins pour parvenir à la satisfaction :

> Pour ces raisons, et aussi à cause des conditions de son exécution à l'arrière, par un personnel improvisé, le service des colis postaux n'a jamais atteint, au double point de vue de la régularité et des délais de transmission, le degré de perfection souhaitable […] En 1917, on constatait encore officiellement que les colis adressés de l'intérieur au front restaient parfois un mois en route, alors que, normalement, ils devaient parvenir dans un délai de cinq à six jours. Quelle était dans ces longs retards la part de chacun des intermédiaires : compagnies de chemin de fer, bureau central, gares régulatrices, gestionnaire du front, officiers de ravitaillement, sous-officiers ou agents distributeurs ? […] Il ne semble pas que ces questions aient été élucidées[229].

Certainement, Marty a dû avoir tellement à subir les aléas postaux en fonction des points de tension au front et des saisons, qu'il en a pris un parti résigné. Mais jamais de façon totalement rédhibitoire, puisqu'il a maintenu le cap durant quatre années. Les généraux Jules Joffre, Robert Nivelle, Philippe Pétain puis Ferdinand Foch sont passés successivement à la tête des armées françaises sans qu'il n'y ait eu d'interruption du mandat de Marty, preuve de son utilité dans le giron militaire.

III. Au chevet des Postes

La réforme achevée en quelques semaines fait place à la gestion quotidienne de l'inspection générale embrassée par Marty. Durant cette longue période règne une ambiance étrange. L'atmosphère postale demeure ambivalente.

---

[228] Projet n° 4963, séance du 6 septembre 1918.
[229] Marty, A.-A., *La Poste militaire en France*, op. cit., p. 133.

Satisfecit et concessions

À la tête de la commission parlementaire des Postes et Télégraphes, le député Deshayes compte certainement parmi les rares personnes précisément informées de la situation des Postes au printemps 1915. Sa parole n'est sans doute pas à mettre en doute lorsqu'il s'exprime durant les débats à la Chambre des députés en avril 1915 :

> L'administration des Postes donne à l'heure actuelle son maximum d'efforts avec le minimum de personnels et de matériel. […] Ce n'est qu'au prix d'efforts très méritoires que l'administration des Postes est arrivée, par l'organisation du bureau central militaire et des secteurs postaux, à remédier à la situation douloureuse que nous avons tous constatée au début de la guerre[230].

Vu du dessus, il ne fait aucun doute que la Poste s'est redressée en moins de cinq mois. Il semble loin le temps où le président de la République, Raymond Poincaré, en déplacement à Jonchery-sur-Vesle dans la Marne, au début octobre 1914, s'émeut des innombrables irrégularités[231]. Pour autant le grand malade est-il définitivement tiré d'affaire ?

Si la fièvre semble donc nettement retombée, des symptômes persistants entachent encore la situation, vue du bas cette fois. Parmi ceux qui rendent les Français les plus irascibles, le retard systématique compte pour beaucoup. Il est le symbole de l'incompréhension qui règne entre eux et leurs Postes. On a précédemment vu que Marty était parvenu à vaincre les réticences paranoïaques du commandement militaire de telle façon à obtenir la fin de son application aveugle à compter du 1ᵉʳ juillet 1915. Jusque-là, cette retenue forcée dans les gares régulatrices avait beaucoup plombé les échanges entre les familles durant les trois premiers mois avant d'être atténuée en octobre 1914, passant notamment de quatre à trois jours. Cela n'est néanmoins pas synonyme d'une disparition totale de la mesure. Marty ayant certainement dû transiger, ce retard s'applique désormais ponctuellement, seulement là et quand les circonstances militaires et la nécessité d'État le commandent. Résultat de la probable concession, le retard systématique n'est plus cantonné aux correspondances descendantes, mais se trouve aussi désormais applicable à la correspondance civile collectée dans les bureaux de poste centralisateurs proches du front[232]. Parmi des dizaines d'avis perçus dans les archives, citons celui du 6 juin 1917, de la part du GQG informant le ministère de la Guerre d'un retard systématique de six jours appliqué jusqu'à nouvel avis à la correspondance

---

[230] *Journal officiel de la République…*, séance du 1ᵉʳ avril 1915, p. 512-513.
[231] Voir chapitre IV.
[232] SHD 16N2701 : retard systématique et poste-restante, « Note concernant la correspondance postale », 24 juin 1915.

originaire des localités de Marson (Marne), Bussy-Le-Repos (Yonne), etc., sans raison explicitement évoquée dans le texte[233].

Cette immixtion du pouvoir militaire dans l'activité civile a donné lieu à une vive passe d'arme entre Clémentel, ministre des PTT et gardien du caractère inviolable du courrier, et Millerand, ministre de la Guerre soucieux de conserver la main sur des régions pouvant s'avérer sensible selon l'évolution des combats. Quant à la population, il lui reste à s'émouvoir, dans ses correspondances, de ces variations insoupçonnées influençant les délais d'acheminement.

Les Français, hypocondriaques postaux ?

Il est une constante chez l'être humain : les mécontentements s'expriment toujours plus facilement que les satisfactions. Ainsi les Français sont déjà enclins à se plaindre des trains qui n'arrivent pas à l'heure, plutôt que de louer ceux ponctuels. Il en va de même pour la Poste à l'encontre de laquelle la vindicte populaire est plus prompte à stigmatiser le courrier en retard. L'extrême émotion amenée par la guerre semble avoir très largement amplifié ce phénomène, que l'on peut aisément mesurer à travers les multiples fonds de correspondance publiés. Au premier rang des désespérés par le système, Guillaume Apollinaire compte parmi les personnalités civiles les plus célèbres au front à n'avoir pas épargné la Poste. Dans une lettre à son amour, Lou, qui s'éloigne de lui et à qui il écrit alors qu'il est sous le feu ennemi en Champagne, témoigne le mieux de l'incrédulité ambiante : « […] je ne sais pourquoi on fait si mal la Poste pour les Armées…[234] ».

Ce syndrome d'anxiété excessive que peut produire le cheminement postal se manifeste par des irruptions de critiques se focalisant sur plusieurs plans. La première des lamentations repose sur les délais, ou encore le « retard », comme il est appelé par les correspondants. Le soldat Rey est résigné lorsqu'il écrit à son épouse : « […] petite femme très chérie, je reçois des lettres de toi qui me font bien plaisir, mais qui sont bougrement en retard. Hier, j'en ai reçu une du 10 mars ! Il est probable que les miennes ne te parviennent pas davantage[235] […] ». Certains sont lucides sur la cause réelle du retard et prennent leur mal en patience, comme l'exprime Eugène Résal à son fils Salem positionné dans les environs de Verdun en mai 2016 :

---

[233] SHD 5N96 : armée française : organisation, mouvements et constitution d'unités, stationnement des troupes, fournitures (équipement, armement, chevaux), ravitaillement, poste aux armées, santé transports, opérations militaires, missions, août 1916-juin 1917, « télégramme au ministre de la Guerre », 6 juin 1917.

[234] Campa, L. (éd.), *Je pense à toi mon Lou*, « 16 avril 1915 », *op. cit.*

[235] « Lettre du 1ᵉʳ avril », dans Secrétan, T., *1914-1918, Le temps de nous aimer, op. cit.*, p. 193.

> Mon cher enfant, nous n'avons encore reçu aucune lettre de toi depuis ton départ. Nous n'en sommes pas très surpris pensant que ton groupe s'est rendu du côté de Verdun et que la correspondance est retardée par ordre militaire. Mais nous aimerions bien pourtant avoir des nouvelles de toi. Envoie-nous un mot, une carte, dès que tu recevras cette lettre[236].

D'autres prennent la mesure, lucidement, de cette fatalité, comme le fait encore, depuis Bordeaux, Eugène Résal avec son fils en mars 1915 : « Nous n'avons pas reçu de lettre de toi depuis celle du 20 : je pense que c'est un retard de la poste tout simplement ».

Certes, les délais ont été allongés, les retards d'acheminement ont été considérables durant plus de quatre années, mais le système a permis l'écoulement des flux. Quel jugement prévalait alors ? Dès le printemps 1915, la rumeur se voulait en tout cas apaisante au sujet d'un système mis à mal les mois auparavant : « Chère enfant de mon cœur. Il paraît que c'en est fini des retards et atermoiements de la poste, en ce qui concerne la région où je suis et où il s'est passé d'importantes choses, ainsi qu'en font foi les communiqués des journaux de ces jours-ci [...][237] ».

Le rythme erratique de l'acheminement provoque de l'angoisse, aussi bien que de la complexité, dans le suivi des nouvelles des êtres chers laissés à l'arrière. Le soldat Chémery confie son désarroi sur ce sujet à son épouse : « Nous nous trouvons quelquefois privés de courrier à trois, quatre ou cinq distributions, puis d'un seul coup tout rapplique, et alors c'est difficile de se mettre à jour [...][238] ».

Au second rang des afflictions, vient le défaut de la chaîne d'acheminement, provoquant jusqu'à la perte des contenus des envois. Le soldat François Boulet, du 143e RI, s'étonne auprès de ses parents en janvier 1915 :

> [...] je suis très étonné que vous n'ayez point eu de mes nouvelles depuis 15 jours. J'ai écrit à intervalles séparés, comme d'habitude. Sans doute, comme mes lettres portaient le lieu d'origine, elles ont été confisquées ou retardées. À nouveau, je vous accuse réception du mandat de 20 francs et du paquet de linge. Quant à celui de provisions, je ne l'ai point encore vu. Sans nul doute s'est-il perdu[239].

---

[236] Fonds Résal, « Lettre d'Eugène Résal à Salem Résal, 25 mai 1916 ». Mis à disposition par Laurent Véray.
[237] « Lettre du 14 mai 1915 », dans *Lettres d'Henri Barbusse à sa femme 1914-1917*, Paris, Flammarion, 1937.
[238] Chémery, F., *Alphonse et Marguerite*, op. cit.
[239] « Lettre de François Boulet à ses parents, 20 janvier 1915 », dans Boulet, L., *Vienne la nuit, sonne l'heure...*, op. cit., p. 202.

Le père du soldat Neyret vitupère auprès du ministre de la Guerre dans une lettre du 4 décembre 1915 : « Mon second fils, Jacques Neyret, 1er canonnier-conducteur du 27e RI, parti comme volontaire pour le corps expéditionnaire d'Orient vers le 2 octobre, ne reçoit ni mes lettres ni les colis que je lui envoie ». Marguerite Barbusse résume assez bien une pensée générale relevée de-ci et de-là, en écrivant à son célèbre mari, prix Goncourt 1916, Henri, alors au front :

> Mon petit chéri. Une carte qui me dit que depuis deux jours votre courrier est vide. Ah là là je ne sais plus que dire, ayant déjà épuisé toutes les formules de récrimination contre l'irrégularité de la poste depuis les trois cents jours que je vous écris quotidiennement [...][240].

Corollaire à ce constat de défaillance, vient l'évocation du scandale moral que représente le contrôle postal, plus prosaïquement appelé « censure », dans l'esprit des correspondants. Une officine qui provoque tant de dégâts collatéraux et qu'on ose brocarder malgré les risques théoriques encourus par les contestataires. Dès sa mise en œuvre, il semble que son objet soit bien identifié par les soldats. Le lieutenant Sentilhes livre quelques recommandations vertueuses à ses parents : « Cela m'étonne que vous ne receviez pas mes lettres régulièrement ; on les retient peut-être pour la censure. Il faut faire très attention, il est absolument interdit de faire aucune allusion à quoi que ce soit du front[241] ». L'élargissement des capacités du contrôle en fonction de la dureté des combats amène à des réactions diverses. Furieuses, comme celle du soldat Victor Rey, du 24e régiment d'artillerie, qui s'emporte en mai 1917 auprès de ses parents :

> Je suis furieux que vous ne receviez pas mes lettres. Il y a là un abus et une sottise qui me font hurler. C'est à la fois de la peur et de l'inquisition ; ça sent le bourgeois et le curé. Certes, ce qui vient d'être fait est intéressant, mais il y a loin de ce résultat à celui qu'on a eu le si grand tort de nous donner à espérer, et le coût dépasse la valeur[242].

Ironiques comme Marguerite Talliez, depuis La Baule, le 1er octobre 1918, qui pressent auprès de son promis l'intrusion d'yeux malvenus : « Je n'ai eu ce matin que votre lettre de samedi, ouverte par l'autorité militaire,

---

[240] « Lettre du 17 février 1917 », dans *Lettres d'Henri Barbusse à sa femme 1914-1917, op. cit.*, 1937.
[241] Cité dans collectif, *Lieutenant à 19 ans dans les tranchées, op. cit.*, 2013.
[242] Rey, V., « Lettre du 11 mai 1917 », dans Secrétan, T., *1914-1918, Le temps de nous aimer, op. cit.*, p. 206.

ainsi que la carte de Coco. Quel plaisir doivent avoir les soldats préposés à ce service ![243] ».

On en arrive à haïr globalement une organisation, qui, au milieu de la chaîne des échanges, ne fait que susciter le dégoût. Les mots du soldat Bouvard en décembre 1917, sont lapidaires :

> La censure, tu le sais, est impitoyable ici et certains pauvres poilus ont appris à leurs dépens qu'ils ne devaient pas avoir la langue trop longue, ni même recevoir des lettres (qui sont d'ailleurs supprimées) sur lesquelles les parents ont souvent aussi la langue un peu longue. C'est révoltant mais c'est ainsi. Il semblerait qu'une lettre est une chose sacrée, il n'en est rien ! Sois donc prudente, ma chérie, et si tu veux que je reçoive toutes tes lettres, ne me parle pas de la guerre. Contente-toi de me parler de notre grand amour […][244].

Si nombreux soient ces témoignages plaintifs, l'historien se doit de les considérer dans toutes leurs dimensions : d'abord comme l'expression d'un souci quotidien propre à chaque Français ; ensuite comme la manifestation d'influences fortes causées par les contingences saisonnières liées à l'agenda des batailles ; enfin comme le témoignage d'un puissant symbole passionnel placé dans la Poste par des correspondants à fleur de peau, forcément enclins à s'exprimer lorsque quelque chose leur semble défaillant.

Tant et si bien que lorsque l'on découvre des commentaires à l'opposé de ceux si fréquemment lus, la courbe de la « température postale » se fait soudainement moins linéaire, couvrant un large spectre, entre fièvre et sérénité. Même réduits à la portion congrue, ces compliments sur la Poste témoignent aussi d'une versatilité saisonnière dont on estime mal les conditions. Robert Rey, du 24e RA, se répand en contentement auprès de son épouse le 25 janvier 1915 : « Petite kikite chérie, je reçois ce soir ta lettre du 23. Tu vois vraiment que le service postal laisse peu à désirer[245] ». Il n'est absolument pas rare que se glisse un compliment ou un mot rassérénant à propos des vertus réjouissantes de la Poste, lorsqu'elle conduit correctement à ses desseins, c'est-à-dire satisfaire le destinataire par la réception d'un envoi précieux.

Plus que les organisations postales en elles-mêmes, prises dans leur ensemble, ce sont les hommes qui s'attirent les éloges. Ceux des soldats vont unanimement au vaguemestre, que personne, nulle part n'envisage de vilipender. À commencer par la presse artisanale combattante, forcément peu avare en « c'est un type très utile qui se passerait bien de nous certainement,

---

[243] Chémery, F., *Alphonse et Marguerite, op. cit.*, p. 308.
[244] Cités par Guéno, J.-P., Laplume, Y., *Paroles de poilus. Lettres et carnets du front 1914-1918*, Paris, Radio-France, Librio, 1998.
[245] Rey, R. (24e RA, Verneuil), « Lettre du 25 janvier 1915 », cité dans Secrétan, T., *1914-1918, Le temps de nous aimer, op. cit.*, p. 41.

mais dont nous ne pouvons pas nous passer[246] ». Vu la charge émotionnelle symbolique placée en lui par les poilus, le messager-soldat brille d'une indéfectible aura : « Le vaguemestre, mais c'est un peu, et tour à tour, la maman, la fiancée, le frère ou la sœur, le petit chérubin laissé à la maison, l'ami très cher pour lequel on tremble. Il est le clocher, le champ, le foyer, ensemble tous les souvenirs et tous les espoirs[247] ». Sous cette influence médiatique, il s'avère impossible de trouver un jugement négatif sur cet homme.

Quant aux éloges des familles, elles ne s'adressent qu'au facteur. Précisons surtout qu'entre lui et les épouses ou les mères, la relation est cependant nuancée. Il faut dire que son passage est synonyme de pic émotionnel aussi soudain qu'immédiat, allant de l'angoisse extrême au bonheur ardent, en fonction de ce qu'il remet en main propre : « La factrice me remet le courrier, il y a une enveloppe bordée de noir, de La Baule, quelques minutes d'entracte… c'est fini, je reprends ma plume. La lettre était gentille[248] », raconte une épouse à sa mère. Pour illustrer cette scène de la vie quotidienne d'une société en guerre, naît même une chanson populaire : elle raconte la relation fluctuante et finalement sinistre qui s'établit entre le passage du facteur et l'épouse inquiète. Une oscillation émotionnelle que connaissent alors des centaines de milliers de femmes dès les premiers mois du conflit[249] :

> Car tout là-bas elle aperçoit
> Celui qui réjouit son cœur
> Ma Maman attend le facteur
> […]
> Maman est tout à sa douleur
> Elle n'attend plus le facteur.

Ainsi, le passage du facteur apportant une lettre du front n'est pas, pour la famille, invariablement toujours le meilleur moment de la journée. Tournant à plein régime, c'est bien évidemment l'ensemble de la mécanique postale qui régule, anime et coordonne le flux des objets de correspondance que vaguemestres et facteurs, à chacune des deux extrémités de la chaîne, ont à répartir. L'ombre tutélaire de Marty plane sur ce cheminement…

Comme elle plane sur un sujet difficilement classable dans ce récit, mais que Marty a minutieusement… classé ! Si de lui, il a été possible de

---

[246] *Le Camouflet, organe officieux des sapeurs du 7ᵉ Génie*, 1ᵉʳ mai 1916.
[247] *Le Canard Poilu, journal du front, hebdomadaire, torsif, et antiboche*, 7 juillet 1915.
[248] François Chémery, *Alphonse et Marguerite*, op. cit., p. 202.
[249] BnF, fonds Gallica, « Maman attend le facteur », paroles de Mac-Brès, musique de B. Gaby, 1915.

mettre en lumière le travail quasi quotidien à la tête de l'IGTPM, c'est en grande partie grâce à sa clairvoyance. Le payeur général des Armées a vite su la valeur des archives. En juin 1916, il adresse en effet une circulaire à l'ensemble des payeurs généraux de chacune des armées. Il y énonce que les archives postales dans les bureaux des payeurs doivent être acheminées chaque mois vers le site de Paris-Conservatoire. Il y informe sur les délais de conservation des documents intermédiaires qui servent à constituer les registres et documents statistiques.

On peut s'interroger sur les raisons et leur contexte, motivant un tel intérêt pour la transmission et la conservation du savoir. Il est certainement animé par un souci de la restitution collective. Il a aussi peut-être été gagné par la pleine prise de conscience du caractère singulier de la mission qui lui incombe. De l'une ou l'autre, cela aura mené Marty à prendre le temps de veiller à ce que soit conservée la trace de son action…

Annexe de la circulaire « archives » adressée par Marty le 24 juin 1916

Source : SHD 7N2076

Chapitre VI

L'homme dévoilé par sa correspondance

Malgré l'accaparement d'une mission cruciale pour la nation, ainsi que l'extrême mobilisation qu'elle requiert pour lui, Marty a su conserver une relation familiale apparemment féconde. C'est le visage d'« Émile », selon le surnom que tous lui donnent dans l'intimité familiale, qui se révèle.

S'il n'est pas lui-même père d'un fils immédiatement en âge de combattre au front, l'inspecteur général connaît en revanche un neveu mobilisé avec lequel il a gardé un contact très proche durant les années de conflit.

I. Son neveu, Paul, comme destinataire

Ce neveu dont il est question, c'est Paul Marty. Il est le fils d'Augustin Marty, dit Célestin (26 mars 1867-15 juin 1945), frère cadet de notre « Émile » Marty. Ce frère fera plus tard une modeste, mais honorable, carrière aux PTT en tant que facteur à Paris.

Né en 1895, Paul Marty n'a pas 20 ans au moment où la mobilisation est décrétée dans tout le pays, le 1er août 1914. À cette date, c'est la loi dite des trois ans qui régit le service militaire[250] ; chaque Français, l'année de ses 21 ans, est appelé à faire son service dans l'armée active durant ce laps de temps de trente-six mois. Une fois la période achevée, le conscrit revient dans la vie civile mais n'est pas totalement libéré de ses engagements militaires. Il devient réserviste pendant quatre à onze ans et doit se soumettre à de régulières périodes d'exercice. Ce sont les conscrits des années 1896 à 1913 qui sont appelés à la mobilisation au milieu de l'été 1914. Ils représentent alors près de 80 % des hommes qui vont monter au front. Les 20 % restants sont constitués des engagés volontaires, des hommes pouvant être âgés de 16/17 ans à 45 ans.

Paul n'est donc pas directement concerné à l'époque par les affaires militaires et la mobilisation d'août. Il appartient donc à la masse des hommes engagés volontaires qui font le sacrifice de défendre leur pays, avant que celui-ci ne les y appelle officiellement. Paul fait partie des plus précoces, dès

---

[250] Pédroncini, G. (dir.), *Histoire militaire de la France*, vol. 3, *1871 à 1940*, Paris, PUF, 1992, p. 257-259.

le courant du moins d'août, ce que montre le corpus des lettres qu'il reçoit de son oncle Marty et qui est mis à notre disposition[251]. La correspondance tient sur vingt-huit mois, d'août 1915 à novembre 1917.

Cette « correspondance » n'en est d'ailleurs pas tout à fait strictement une au sens des normes, us et coutumes de ce genre littéraire, puisque seul Marty est à la plume et que nous échappent les lettres de Paul. Sa pensée ne s'incarne qu'à travers les mots que Marty reprend parmi ceux certainement écrits par son neveu. Ces courriers appartiennent au genre de la correspondance de guerre. Elle met en scène deux hommes dans la mobilisation, l'un armé, un poilu, et l'autre militaro-administratif, un haut responsable du grand quartier général au cœur du conflit[252]. En revanche, elle possède peu de choses en commun avec les lettres et les carnets du front tels que les combattants les créaient pour raconter à leurs proches un quotidien fait de peur, décrivant l'âpreté de la vie militaire et délayant les espoirs fous d'un retour auprès des leurs[253]. Elle ne laisse pas non plus transparaître le caractère habituel d'un réseau de correspondance, construction si répandue que les études sur le XIXe siècle ont dévoilée[254]. Ni Marty ni Paul n'évoquent d'autres échanges épistoliers, la rythmique organisée structurant la relation écrite n'en dit mot. Cette correspondance est géographiquement circonscrite au territoire national, sans laisser apparaître aucun exotisme territorial ou un sentiment de déracinement[255]. Enfin, cette correspondance diffère aussi de celle, qui a été éditée avant et pendant la commémoration du centenaire de la Première Guerre mondiale[256]. Elle ne s'établit pas entre un mari et son épouse, un fiancé et sa promise, des parents et leur fils au combat. Ici, pas d'intercession féminine maternelle, fraternelle ou amoureuse[257].

Le sujet principal des lettres, à savoir Paul, traverse le conflit sain et sauf pour ensuite s'engager dans une vie revenue à la normale. En 1920,

---

[251] Vingt-trois lettres numérisées et mises à disposition par Madame Marie-Claire Boyeau (fonds privé).
[252] Demeulenaere, C., « Correspondance de guerre : le témoignage des Bersier pendant la Commune », dans Albert, P. (dir.), *Correspondre, jadis et naguère, Actes du 120e congrès du CTHS à Aix-en-Provence*, Paris, Éditions du CTHS, 1997, p. 607 et suiv.
[253] Guéno, J.-P., Laplume, Y., *Paroles de poilus, op. cit.*
[254] Hoock-Demarle, M.-C., *L'Europe des lettres. Réseaux épistolaires et construction de l'espace européen*, Paris, Albin Michel, 2008, p. 53 et suiv.
[255] Attard-Maraninchi, M.-F., « Entre vécu et imaginaire : lettres corses de l'armée d'Orient (1919-1920), dans Albert, P. (dir.), *Correspondre, jadis et naguère, op. cit.*, p. 543.
[256] Par exemple, la fondation d'entreprise La Poste, relayant l'engagement comme grand partenaire du Groupe La Poste auprès de la Mission du centenaire, a soutenu l'édition de plus d'une dizaine de correspondances touchant au conflit.
[257] Chémery, F., *Alphonse et Marguerite, op. cit.* ; Vidal-Naquet, C., *Correspondances conjugales 1914-1918, op. cit.* ; Résal, J., Allorant, P., *Femmes sur le pied de guerre, op. cit.*

il fait un premier mariage avec une femme dont l'identité est Émilienne Toussaint, une union qui ne dure pas, puisque onze ans plus tard, Paul prend pour nouvelle épouse une certaine Hélène Braban.

Anecdote identitaire à son sujet, Paul fut surnommé Paul « Mouzaïa », après la démobilisation. S'installant à Paris, il trouve un logement niché au cœur du XIXe arrondissement, à deux pas des Buttes Chaumont. Ce quartier pittoresque se compose de petites maisons réparties au sein de villas – petites voies étroites –, qui donnent sur ladite rue de la Mouzaïa, colonne vertébrale du quartier. Paul réside là et endosse donc le caractère bucolique de ce quartier de Paris !

Dans la droite ligne de son père, Paul embrasse plus tard une carrière au sein de l'administration puisqu'il y devient contrôleur.

Par cette filiation, lui aussi a dupliqué le modèle familial des Marty. Paul connaît une ascension professionnelle dans le même milieu que son propre père, à l'instar de ce que la branche aînée de la famille a également réalisé : Émile Marty, devenu inspecteur général à Paris quand son père fut jadis simple facteur à Conques. Les Marty donnent la représentation archétypale et bien ancrée dans son époque d'une promotion sociale vécue par des générations de postiers, au sein de mêmes familles. Ce phénomène a été bien analysé par une succession de chercheurs à travers leurs premiers travaux[258].

Doit-on déceler ici une raison majeure, certainement parmi d'autres, de la proximité qu'entretient alors Émile avec son neveu Paul, vecteur appréciable du dévoilement d'un pan de la sensibilité de Marty ?

II. Le dévoilement de l'intimité de Marty

Si Fernand Braudel qualifiait la lettre comme « une histoire anonyme, profonde et souvent silencieuse[259] », on doute que le contenu, appliqué à une période de guerre, ait pu paraître systématiquement effacé. Les bribes de cette correspondance déroulée par Marty témoignent d'une attention particulière d'« Émile » envers Paul, au moins comme l'illustration d'une solidarité combattante qui s'exprime entre deux membres d'une même

---

[258] On citera les travaux pionniers de : Bertinotti, D., « Recherches sur la naissance et le développement du secteur tertiaire en France : les employés des PTT sous la Troisième République », thèse d'histoire, université Paris 1 Panthéon-Sorbonne, 1984 ; Cartier, M., « Trajectoires sociales et professionnelles des préposés à la distribution : rapport à l'espace local et positionnement social », thèse de sociologie, EHESS, 2001 ; Join-Lambert, O., « Le receveur des Postes, entre l'État et l'usager (1944-1973) », thèse d'histoire sociale, EHESS, 1999 ; Richez, S., « Acculturation, implantation et développement des personnels et infrastructures postaux à travers l'exemple normand : 1830-1914 », thèse d'histoire, université de Caen, 2002.

[259] Braudel, F., *Écrits sur l'histoire*, Paris, Flammarion, 1969, p. 21.

famille. Certes ils sont tous les deux mobilisés, mais ne sont pas de la même génération ni ne sont affectés à des tâches semblables.

Parmi les grands thèmes qui transparaissent des lettres envoyées par Marty à Paul, il y a des récurrences. La première est l'accompagnement fréquent d'un mandat poste de 10 F à destination de son neveu. Ce dernier a-t-il besoin d'argent, sans jamais pourtant donner l'impression d'en réclamer par un moyen ou par un autre, ni même d'en suggérer l'utilité ? Marty souhaite-t-il pourvoir à ses éventuels besoins ? Quoi qu'il en soit, l'inspecteur général s'enquiert souvent de savoir si son destinataire a bien reçu la somme, quitte à le réclamer notamment auprès du vaguemestre de l'hôpital militaire, un des nombreux localisés à Châteauroux, dans lequel Paul se trouve au début de l'année 1917. Plus largement, Marty se veut très sourcilleux à l'égard des affaires postales que Paul semble traiter à la légère. Dans une lettre du 26 mars 1916, le haut fonctionnaire réprimande le jeune homme qui semble avoir violé le secret militaire dans une correspondance précédente en évoquant un sujet interdit… Marty le rappelle à l'ordre, « n'as-tu pas lu les affiches sur la correspondance militaire ? », tout en le prévenant qu'une alerte de la censure militaire ferait autant scandale pour son mandat auprès du grand quartier général, qu'elle ferait tache pour sa propre carrière de soldat, prévenant le fautif qu'il « ne recommence pas, ce serait fâcheuse aventure ». Un inspecteur général que l'on sent précautionneux à l'égard des règles – il en est le premier garant de France – tout au long de sa correspondance jamais prise en défaut sur quelque aspect que ce soit.

À propos de son travail d'ailleurs, Marty s'exprime rarement. Concernant son agenda professionnel, il parle d'une visite qu'il fera sur le front de Lorraine, mi-août 1915, à son neveu en cantonnement, profitant d'une tournée d'inspection. Plus tard, en février 1916, Marty s'apprête apparemment à partir en tournée dans l'Est. À une seule reprise, il se fait un peu plus bavard. Le 9 février 1917, il consacre quelques mots banals non sans s'autoriser un trait d'esprit : « […] de mon côté, rien de neuf. Je m'occupe toujours de faire "arriver" les lettres aux soldats. Pour cela, j'en écris le moins possible ».

L'usage de cet euphémisme ne révèle pas le temps important que Marty réserve à ses proches, par la correspondance ou les visites directes. À le lire même, il se veut un nœud central d'une relation familiale qui dépasse le premier cercle. Il opère comme le maillon d'une cohésion familiale renforcée, même si un seul des deux épistoliers appartient à la famille nucléaire[260].

Marty informe son neveu sur la villégiature à l'été 1915 de son fils Georges et de son épouse à Donville, dans le département de la Manche.

---

[260] Feschet, V., « S'écrire en famille, des sentiments déclinés : la correspondance rurale en Provence alpine au XIXe siècle », dans Albert, P. (dir.), *Correspondre, jadis et naguère*, *op. cit.*, p. 481 et suiv.

Ceux-ci profitent de la côte et surtout de la vaste plage de sable fin en forme de lune, après une dure année de labeur pour Georges dédiée à la préparation du baccalauréat… Loin du tourment de la guerre et de Paris, Marty sait ses proches à l'abri en toute quiétude : lui-même s'autorise d'ailleurs une journée de congés pour aller les chercher à Granville et les ramener à Paris après leur séjour balnéaire aoûtien. Partagé par une très large frange de la notabilité parisienne depuis le Second Empire[261], cet attrait pour la côte normande et ses plages est confirmé auprès de la famille Marty par cette photo du début du XXᵉ siècle. Transformé scrupuleusement en carte postale auprès du photo-éditeur seinois Le Pennetier, le cliché sert de support à un petit texte que Marty envoie à sa sœur aînée, Marie-Rose, le 24 août 1907 : il lui parle de la villégiature estivale de la famille et lui adresse une pensée d'affection. Sur la plage de Riva Bella, juste au pied du casino d'Ouistreham, on y voit la famille se tenir dos à la mer, en habits du dimanche, posant dans un style conforme au genre, tout contre une barque échouée sur le sable.

Francine, Georges et Augustin-Alphonse Marty sur la plage de Riva Bella (Ouistreham) en août 1907

Source : fonds privé, famille Cerieys

La villégiature, et le repos de façon générale, semblent ne pas constituer un sujet négligé par Marty. Il l'évoque encore en mai 1916 à

---

[261] Désert, G., *La vie quotidienne sur les plages normandes du Second Empire aux Années folles*, Paris, Hachette, 1983.

travers une parenthèse qu'il s'offre à Paris pour y retrouver sa femme et son fils. Ce fils, ledit Georges, à l'encontre duquel il exprime d'ailleurs les plus sévères griefs. Si ce dernier, depuis qu'il est devenu élève aspirant d'artillerie affecté à Fontainebleau, écrit quatre lignes chaque semaine à sa mère, il oublie en revanche son père. De façon désappointée, Marty signale que son rejeton n'apprécie pas du tout, d'après ses propres mots, « l'épistole ». Il induit ainsi le fait que lui s'y plie *a contrario* avec un profond plaisir. Marty échange aussi son point de vue sur la santé des proches, notamment dans une missive en date du 16 septembre après qu'il a vu son frère, Célestin, le père de Paul donc, à la maison trois semaines plus tôt. Il rassure ainsi son neveu : « […] il n'a pas vieilli, semblant en pleine forme ». Ainsi, au mieux des circonstances, et comme des millions de familles françaises inquiètes, celle des Marty s'échange dès que possible des nouvelles.

III. Une relation quasi filiale

Marty perd son neveu Joseph, le 10 septembre 1914, âgé de 29 ans et tombé dans la Meuse. Ce dernier est le premier fils de son frère aîné, Ladislas. Brillant, le jeune homme est agrégé de mathématiques et faisait l'école normale supérieure. Ce décès agit-il comme le déclencheur d'un souci démultiplié pour son autre neveu combattant, Paul ?

En tout cas Marty est attentionné au plus haut point. La santé constitue le sujet majeur abordé entre les deux hommes. Le jeune Paul est en pleine forme lorsqu'il se trouve appelé dans son régiment, le 90ᵉ d'infanterie, depuis la mi-août 1914. Il semble témoigner de sa détermination et de son envie de « botter l'arrière-train des Allemands ». En cela, il appartient bien à une classe d'âge masculine volontaire et trépignant d'impatience d'en découdre, en complet décalage avec une autre, plus féminine et davantage concernée par la sidération, la surprise, l'impuissante attente et l'angoisse pour les hommes mobilisés de la famille[262]. Son oncle, à ce moment-là, se contente de rappeler à Paul la prudence. Il se satisfait qu'il ne lui arrive rien, espérant que son neveu ne prendra pas un éclat d'obus, saluant le courage et la chance du garçon qui pour l'instant, « s'en tire à bon compte ». À la fin de l'année 1915, Marty s'inquiète des conditions de survie de Paul, qui se trouve alors les pieds dans la boue des tranchées à cause d'une météorologie défavorable. En février 1916, alors que l'hiver est rigoureux, l'oncle s'inquiète de savoir si son neveu s'est bien fait administrer le vaccin anti-typhoïdique.

---

[262] À ce propos, Tacquet, M. et S., *Avoir 20 pendant la Grande Guerre. Carnets intimes 1914-1918*, Abbeville-Cayeux-sur-Mer, La Vague Verte, 2010.

Puis, cette période de relative sérénité est suivie d'une phase d'affliction morale et physique pour Paul. Celui-ci laisse entrevoir sa santé fléchir face à l'âpreté de la vie de soldat. Il contracte en effet une bronchite sévère fin mars 1916 alors que son régiment arrive juste sous le feu dans le secteur de Verdun. Cette maladie le conduit de l'hôpital militaire de Châteauroux en lieux de repos (Menton, puis La Châtre) ; elle amène Marty à évoquer le calme et l'air sain de Conques où il recommande à Paul d'aller se ressourcer quelque temps. Marty est même prêt à activer quelques relations pour placer Paul à Amélie-les-Bains ou à Briançon, s'il ne se sent pas bien là où les autorités médicales le font résider.

Parallèlement, les deux hommes déplorent l'occasion perdue « de s'illustrer au combat », même si l'oncle demande à son neveu de « refouler tes sentiments belliqueux et laisse-toi faire », de façon à apaiser son infinie tristesse. On ressent toute l'affection dont Marty souhaite entourer Paul, lorsque sa lettre du 18 juin 1816 s'ouvre par « Mon cher poilu », comme pour assimiler pleinement aux forces combattantes, le jeune homme retiré à l'arrière pour des raisons de santé.

Une affection qui se traduit dans la façon dont l'oncle aborde la situation militaire et l'avenir de son neveu. Il fait feu de tout bois pour encadrer ses perspectives. Marty se fait tour à tour conseiller avisé, confident expérimenté et entremetteur écouté à chaque sujet concernant le jeune homme.

Marty espère-t-il secrètement voir la situation militaire de son neveu changer de dimension ? Il souhaite pour cela le recommander à la hiérarchie. Il lui conseille de se tenir informé de l'ouverture des recrutements pour l'école des officiers de Saint-Maixent vers Pâques 1916 et insiste sur les qualités dont il doit témoigner pour se faire remarquer.

Paul manifeste en juin 1916 des velléités pour entrer dans l'aviation, alors que sa santé précaire condamne ses espoirs de devenir officier. Marty modère ses rêves en lui rappelant sa myopie ainsi que sa santé désormais fragile. Il lui fait espérer au mieux, l'auxiliariat militaire, ou l'intégration dans un établissement de défense nationale fabriquant les avions.

Paul souhaite profiter, à l'été 1916, d'un retour à la vie civile comme ouvrier agricole dans la région de La Châtre. Son oncle le conforte dans la quiétude d'une vie des champs au rythme de la saison des récoltes, dont le neveu appréciera peut-être le bienfait. Perspective balayée par Paul qui semble envisager de venir faire du terrassement sur le front.

Paul est déterminé à retrouver les rangs militaires. Marty l'enjoint à retourner dans l'Aveyron, à y trouver un travail civil et, au bout de trois mois, de postuler à nouveau à son régiment dans le cadre de la loi d'août 1915 qui prévoit des conditions d'incorporation hors classe d'âge.

Paul fait son retour au cantonnement en septembre 1917, content à l'idée de retrouver ses camarades d'armes au front après une absence d'un an. Marty le rassure sur le fait qu'il ne sera pas qualifié d'« embusqué » et qu'il aura certainement la douleur d'apprendre la perte de beaucoup de compagnons depuis.

Paul se trouve désespéré, en novembre 1917 suite à l'avis du médecin chef qui l'empêche de pleinement reprendre un service actif, craignant que son dossier semble égaré dans les méandres de l'Armée. Marty le conjure de conserver calme et patience pour ne pas s'attirer les foudres du commandement : il essaie lui-même de s'enquérir du sort de son neveu auprès de ses relations au sein de la Grande Muette.

D'ailleurs, celle-ci fait l'objet du dernier grand thème traité par Marty dans ses lettres, relativement à une actualité quelconque qu'il partage avec son neveu. Par exemple en janvier 1916 au moment de l'échange des traditionnels vœux de « santé et chance », Marty ne doute pas de « l'écrasement de l'adversaire » et de la prévision d'une fin de guerre, avant fin 1916. Encore une fois mars 1916, quand le patron de la Poste aux armées évoque le secteur de Verdun sous le feu. Une ultime fois, deux mois plus tard, Marty parle d'un poilu originaire de Saint-Parthem non loin de Conques, brave au combat et en repos dans l'Aveyron : il évoque aussi une autre connaissance des deux hommes, en Champagne, à l'entraînement dans les tranchées de troisième ligne.

Marty se fait aussi témoin des évolutions technologiques de son temps, donnant en septembre 1916 sa propre description d'une invention à peine lancée par les Anglais, décrite comme une « carapace d'acier à l'épreuve des balles, qui franchit les lignes et pète le feu, et va semer la mort dans les abris de ces pauvres boches qui filent comme des lapins » : Marty nous dévoile les premiers chars et leur influence décisive dans l'offensive de la Somme menée par les alliés[263].

Enfin, l'émotion et la compassion dues à la mort ne sont pas absentes de cette correspondance. Au début de l'automne 1917, Marty informe son neveu, grâce à ses réseaux militaires, à propos de la tombe d'un de ses anciens supérieurs le sergent Auguste Théron, tombé au combat. Celle-ci est en fait prise en charge par l'association du *Souvenir français*, il n'y a pas besoin d'envoyer de l'argent pour son entretien. Marty transmet aussi à Paul un article relatant la mort de Valentine, le célèbre pilote-instructeur tombé lors de combats aériens, que Paul connaissait, dans un contexte où les as du ciel français bâtissent leur renommée[264].

Une réputation dont Marty jouit lui-même depuis peu de temps et qui influence la suite de sa carrière de grand commis de l'État.

---

[263] Goya, M., *La chair et l'acier. L'invention de la guerre moderne (1914-1918)*, Paris, Tallandier, 2004.

[264] Mahieu, É., « La figure de l'aviateur », texte en ligne depuis le 26 mai 2015, <http://centenaire.org/fr/espace-scientifique/societe/la-figure-de-laviateur> [consulté le 21/07/2017].

CHAPITRE VI

Un ultime engagement au service de la nation

Auréolé de son image de réformateur efficace, Marty est appelé au chevet des PTT auprès du commissariat général pour la réintégration de l'Alsace-Lorraine au sein de la République française : le mandat général a été confié à son ancien patron au ministère, Alexandre Millerand.

I. Au commissariat général de la République

Le commissariat général pour la réintégration de l'Alsace-Lorraine dans la République est une institution administrative créée dès le lendemain de l'armistice du 11 novembre 1918 et démantelée en mars 1925.

Une institution d'exception

Avant ce commissariat général, dès après l'armistice, un triumvirat assure le pouvoir français. Pendant la durée de l'armistice et jusqu'à la signature des préliminaires de paix, l'administration civile de l'Alsace-Lorraine est en effet assurée sur place par trois commissaires de la République basés à Metz, Strasbourg et Colmar, respectivement chargés des territoires de Lorraine, Basse Alsace et Haute Alsace. Ces commissaires y exercent, sous l'autorité du président du Conseil, l'ensemble des pouvoirs administratifs et spécialement ceux qui appartenaient aux présidents de district[265].

De hauts fonctionnaires, quasi systématiquement des inspecteurs généraux venus de chaque corps civil, sont nommés, chacun ayant en charge des services comme l'Industrie, le Commerce, le Ravitaillement, l'Armée ou l'Agriculture.

Pour les Postes et Télégraphes, c'est l'inspecteur général, Alfred Dennery, qui est le premier nommé par arrêté du 26 novembre 1918[266] : il prend la fonction d'inspecteur général des services des PTT d'Alsace et de Lorraine.

---

[265] *Almanach national*, 1915-1919, p. III.
[266] *La Lanterne*, 27 novembre 1918.

Parmi ses urgences, il doit régler le problème des liaisons téléphoniques sur le territoire réintégré[267] : retards, interruptions, méconnaissance de la langue française par les opératrices, sont à la source des dysfonctionnements d'un service pourtant d'une utilité essentielle aux nouvelles autorités françaises. Il lui faut aussi parer à la nécessité de remplacer rapidement, par des agents français, le personnel allemand encore employé dans les PTT en Alsace-Lorraine[268]. Dennery dresse un premier état des besoins pour permettre d'exécuter les instructions du 29 janvier 1919. Le contingent nécessaire s'élève à deux inspecteurs, trois receveurs de bureaux composés, quatre commis principaux, huit rédacteurs, quarante et un commis, que l'inspecteur général attend à ses côtés au plus tard le 1er décembre à Strasbourg afin de se mettre en ordre de travail. Car en février 1919, ce n'est rien moins que l'accueil de la sous-commission d'enquête à l'Assemblée nationale, responsable de l'examen du fonctionnement des services, qui lui incombe dans les meilleures conditions possibles[269].

Cette transition achevée, le commissariat général se met en place en ligne directe avec la présidence du Conseil. Sa mission est tout à la fois technique et politique. Il s'agit de faire converger l'ensemble des administrations du pays en un seul bras devenant acteur de la réintroduction des pratiques, lois, règles et modes de sociabilité dans un territoire séparé de la nation depuis quarante-huit ans. Réadapter progressivement la région aux us hexagonaux grâce à la présence de fonctionnaires compétents prenant sur place des décisions rapides et conformes aux besoins de la population, tel est l'objectif de la structure.

Succédant au premier commissaire général Georges Maringer, Millerand est le plus emblématique, avec des pouvoirs et prérogatives élargis. Quittant son poste au ministère de la Guerre, il prend fonction pour une durée d'un an, de mars 1919 à mars 1920. Homme politique de stature et d'expérience, précédemment chargé des PTT avant la Guerre, il possède ainsi une double autorité morale sur deux domaines essentiels

---

[267] Arch. dép. du Bas-Rhin, 121 AL 199 : correspondance administrative... (1918-1922), « Lettre à Monsieur Dennery, inspecteur des services des PTT », janvier 1919. A. Dennery a connu une riche trajectoire professionnelle au sein des PTT : il est le directeur de l'école normale supérieure des PTT pendant la guerre, puis après son passage au commissariat d'Alsace-Lorraine, il prend la tête du service d'études et de recherches techniques (*Revue des téléphones, télégraphes et TSF*, n° 120, décembre 1933, p. 1022).

[268] Arch. dép. du Bas-Rhin, 121 AL 1145 : personnel des divers services postaux, affaires générales... (1919-1925), « Lettre du ministre des PTT au président du Conseil », février 1919.

[269] Arch. dép. du Bas-Rhin, 121 AL 1144 : organisation et fonctionnement des services postaux en Alsace-Lorraine... (1918-1925), « Note sur l'accueil de la sous-commission d'enquête des PTT », février 1919.

au travail de réincorporation des territoires reconquis. Il va parvenir à maintenir l'efficacité du commissariat général malgré les velléités centralisatrices de Paris.

L'homme de la situation

Pour ce faire, Millerand s'appuie sur des subordonnés qu'il juge efficaces et que l'opinion publique loue « comme compétents et habiles, écoutant avec bienveillance les réclamations de tous, poursuivant avec prudence le travail de réadaptation de l'Alsace-Lorraine à la France[270] ». À peine un mois après sa nomination, Millerand engage les contacts par une lettre datée du 7 avril 1919 envoyée à Georges Clémenceau, président du Conseil et ministre de la Guerre. Il souhaite la présence de Marty à ses côtés pour mener à bien la mission postale qui lui a été assignée dans le cadre de son mandat :

> J'ai l'honneur de vous adresser ci-joint un projet de décret destiné à régulariser la situation administrative de M. Marty, inspecteur général des Postes et Télégraphes, précédemment affecté au grand quartier général technique de l'Est, en qualité de payeur général, inspecteur général technique de la Poste militaire, et que, avec votre assentiment, Monsieur le maréchal Pétain a bien voulu mettre à disposition pour le service des PTT de l'Alsace-Lorraine.
> M. Marty, placé en mission temporaire auprès du commissaire général de la République à Strasbourg, continuera à compter dans les cadres de l'inspection générale, où il n'y a pas lieu dès lors de le remplacer. Je me propose de lui confier les fonctions de directeur du service central des PTT d'Alsace-Lorraine, organe de direction supérieur, d'impulsion et de contrôle, que je me propose de créer. Si vous voulez bien approuver les termes de projet de décret, je vous serai obligé de le soumettre à la signature de M. le président de la République, après contre-signature par les ministres des Finances et des PTT, dont relevait, aux Armées, M. Marty, en même temps que de votre département.

Raymond Poincaré, Georges Clémenceau et Louis-Lucien Klotz ont donné leur accord. On comprend aussi en creux qu'Étienne Clémentel, tout comme Philippe Pétain, général en chef des armées sorti de fonctions et maréchal de France, ont facilité cette mutation. Après avoir décerné la croix de guerre à Marty à peine trois mois auparavant en février 1919, ils avaient certainement à cœur de laisser l'honorable fonctionnaire libre de répondre à l'appel de Millerand.

Ce dernier a donc fait jouer ses réseaux politiques au plus haut niveau de l'État pour constituer son équipe. À cette fin, il s'est certainement

---

[270] *L'Éclair*, 23 mai 1920.

remémoré ses rencontres professionnelles nouées durant ses mandats ministériels précédents. Lors de son passage à la tête des PTT, Millerand a sans nul doute croisé Marty... tout comme l'éminent Édouard Estaunié[271]. Cet ancien directeur du Matériel et de la Construction de 1905 à 1911, est nommé en mai 1919 président de la commission consultative de liquidation des biens ennemis mis sous séquestre en Alsace et en Lorraine. Quant au premier, il rejoint à la même date le nouveau commissaire général, en tant qu'inspecteur général, directeur du service central des PTT en Alsace-Lorraine : Marty se trouve encore une fois être l'homme de la situation, parce qu'il est le meilleur connaisseur de cette administration, parce que lui seul peut assurer le passage d'une organisation postale de guerre à un fonctionnement civil.

Il aura pleinement besoin de cette expérience au long cours pour faire face au quotidien de sa mission, qui s'étire jusqu'au mois d'octobre 1920. À propos de celle-ci et de sa définition institutionnelle, Marty se place résolument dans un cadre extraordinaire. Quelques jours à peine après son arrivée à Strasbourg, le 10 juin 1919, il incite son supérieur Millerand à ne pas remplacer dans leurs postes de l'intérieur tous les fonctionnaires actuellement affectés au service central d'Alsace-Lorraine, qui ont décidé de suivre Marty. Il s'agit de les rassurer quant à leur statut et de ne pas provoquer d'instabilité majeure au sein du ministère des PTT par des mouvements de personnels trop définitifs. Trois jours plus tard, il a mûri sa pensée qu'il partage avec son ministre de tutelle, Étienne Clémentel sur le caractère essentiellement transitoire et temporaire de son service[272].

> Dans la correspondance échangée jusqu'à présent avec vous, le service central des PTT d'Alsace-Lorraine (AL) a toujours été présenté comme un organe transitoire. Sa situation est en effet différente de celle des autres services d'administration générale d'AL. Sous le régime allemand, le service en AL était un service de l'empire, avec un budget d'empire.
> Actuellement, il relève du commissariat général pour les questions locales, mais il n'a pas l'autonomie complète ; en particulier, il ne forme pas, au regard des administrations étrangères, un office postal distinct de l'administration française. C'est celle-ci qui interviendra pour tout arrangement avec l'étranger, sans distinguer entre AL et les autres provinces françaises.

Assurément, la mission de Marty est à durée déterminée dans le cadre d'une organisation d'exception, il estime ne pas devoir dépasser dix-huit mois.

---

[271] Voir l'introduction.
[272] Arch. dép. du Bas-Rhin, 121 AL 1145 : personnel des divers services postaux, affaires générales... (1919-1925), « Lettre du directeur du service central des PTT en Alsace-Lorraine à M. le ministre des PTT », 13 juin 1919.

Enfin le budget des PTT n'a pas été incorporé à celui d'AL. Il doit probablement former une annexe au budget général français, en attendant son incorporation dans celui de l'administration. À ce moment, l'organisation des P&T y sera celle d'une région postale française, le service central disparaissant et laissant ses attributions au directeur régional de Strasbourg, qui représentera l'ensemble des services devant le commissaire général.

Marty trace la trajectoire que devrait emprunter le service central, esquisse un calendrier prévisionnel avant d'envisager un retour à la normale dans la gestion des PTT régionaux, dans le cadre réglementaire.

Avant de quitter son mandat, il lui faudra solder le régime d'exception pour préparer la réintégration à l'administration hexagonale. C'est le 1er janvier 1921 que les crédits d'Alsace-Lorraine sont rattachés au budget national des PTT, marquant par la même occasion la fin de ce « régime d'exception ». De façon préparatoire, Marty avait dû remettre ses prévisions en mars 1920.

Un quotidien dédié à la reprise en main administrative

Aux manettes du service postal, Marty est amené à poursuivre les premières initiatives de Dennery. Comme son prédécesseur, Marty est un inspecteur général dont l'expertise et l'expérience acquise, sur divers aspects des PTT, doivent lui permettre d'embrasser cette fonction. Car, avec 6 500 agents affectés à l'exploitation au 31 décembre 1919, chiffre abaissé à 6 100 en 1922, les PTT sont la plus importante des administrations sous la coupe du commissariat général[273]. Ce sont d'ailleurs les affaires de personnel qui accaparent d'emblée Marty. Il lui a fallu gérer le trou béant causé par le départ de fonctionnaires allemands rapatriés d'office de l'autre côté de la nouvelle frontière dès avant l'Armistice. Lorsque Marty arrive à son poste, 50 % des emplois sont devenus vacants par suite du retrait des personnels autochtones. Pour parer au plus pressé, des militaires appartenant aux Trésor et Postes aux armées, au régiment du 8e Génie et à la télégraphie militaire, tous provenant des troupes cantonnées localement, avaient été affectés à une partie du service civil[274].

En complément, il a fallu recourir à des auxiliaires recrutés localement, au jour le jour selon les besoins. La qualification de tous ces supplétifs pose rapidement question une fois atténuée la pénurie immédiate de

---

[273] Arch. dép. du Bas-Rhin, 121 AL 215 : documents généraux, statistiques et états (1919-1923), « État récapitulatif numérique des fonctionnaires employés autrefois par l'administration allemande et des fonctionnaires actuels en Alsace et Lorraine ».

[274] Arch. dép. du Bas-Rhin, 121 AL 215 : « Lettre du directeur régional des Postes & Télégraphes à Monsieur le commissaire général de la République », 30 mars 1922.

bras disponibles… Dans un second temps, il a dû vider le trop-plein du personnel allemand resté en fonction en vertu des clauses de l'Armistice, en les licenciant. Ce qui, de fait, enclenche un processus de reconstitution des cadres du personnel. Est à combler en urgence le débours de quatorze agents, cinq à Strasbourg, autant à Metz et quatre à Colmar. Par ailleurs la gestion ordinaire des affaires de personnel se nourrit de dossiers techniques routiniers : nominations et mutations, instructions diverses, sanctions disciplinaires, gestion des recommandations et des candidatures. Viennent aussi s'intercaler une enquête concernant le suicide d'un surnuméraire, qu'on impute au directeur des Postes de Mulhouse, et une étude sur la cherté de la vie et la pénurie de logement concernant les agents dans la commune industrielle d'Hayange[275].

C'est à une subtile alternance de vases communicants à laquelle Marty est sans cesse confronté. La priorité, d'un point de vue postal, est d'extraire les pratiques allemandes des zones reconquises pour les faire entrer dans le giron français. Marty doit opérer le changement des enseignes au fronton des bureaux de poste ; il lui faut jongler aussi avec le reclassement et le déclassement des bureaux en fonction des nouvelles conditions civiles. Mais tout n'est pas à jeter dans l'héritage impérial. En mai 1919, il s'épanche auprès du commissaire général pour louer la large décentralisation dans le fonctionnement traditionnel des Postes allemandes, organisation qu'il conviendrait de maintenir par souci d'efficacité pragmatique, tout en maintenant la hiérarchie héritée (et logique) pour respecter les droits des fonctionnaires alsaciens et lorrains.

Cela concerne aussi l'offre des services. Il s'agit de rétablir des relations normales postales, télégraphiques et téléphoniques avec l'intérieur, de même que les mandats-poste, les mandats télégraphiques, effectuer le recouvrement des effets de commerce, des colis postaux, des envois contre-remboursement avec valeur déclarée, dans les relations avec la métropole et les pays étrangers.

De même, l'application de la réforme des tarifs postaux suite à la réunification ne doit pas exclure l'Alsace-Lorraine. Il promeut notamment l'offre et l'usage de la franchise postale en prenant garde aux abus. En France, maires et communes en jouissent traditionnellement pour leur correspondance avec les administrations, alors que ceux d'Allemagne en étaient totalement dépourvus[276]. Ceux-ci veulent désormais avoir les mêmes

---

[275] Arch. dép. du Bas-Rhin, 121 AL 1147 : affaires individuelles : nominations, mutations, réintégrations, retraites, indemnités (1919-1925), « Lettre du directeur régional des PTT à Monsieur le commissaire général de la République », 15 octobre 1920.

[276] Arch. dép. du Bas-Rhin, 121 AL 568 : correspondance générale, 1919-1925, « Lettre du directeur régional des Postes et Télégraphes à Monsieur le commissaire général de la République », 13 octobre 1921.

Un ultime engagement au service de la nation 141

droits qu'en France ou l'accord de celle-ci sous forme d'abonnements, aux ports de Strasbourg et aux manufactures de l'État. Cette pratique sera d'ailleurs revue tardivement, le 1er décembre 1921.

Surtout, suite à la loi de janvier 1918 créant les chèques postaux, il doit en poursuivre l'extension entreprise par Dennery dans le territoire reconquis[277]. Cela passe notamment par l'installation d'un centre dédié à Strasbourg, au sein même de l'hôtel des Postes de la ville dès le 1er juillet 1919. Partout en France, les bureaux de poste avaient déjà commencé à accueillir les demandes d'ouverture de CCP dès juin 1918, soit six mois après l'adoption de la loi.

L'autre priorité avec laquelle composer, consiste à sortir de l'état de guerre pour entrer dans celui de paix. La tâche est ardue de façon à aboutir au bon déroulement des opérations postales. D'août à octobre 1919, Marty a maille à partir avec les autorités militaires. La commission de contrôle postal à Mulhouse et le bureau du payeur du secteur 45 se font prier depuis des semaines pour quitter, dans la gare de Mulhouse, les lieux et les rendre au service postal ordinairement civil.

À l'occasion, il est même amené à se replonger dans ses années vécues comme inspecteur général, lorsqu'il disposait d'un pouvoir d'enquête et de redressement des abus. C'est le cas à l'automne 1920, lorsqu'il doit gérer les extravagances financières d'un certain Amos ; promu, depuis Strasbourg où il était surveillant principal, avec avancement à Metz comme vice-directeur des Postes, il a dépensé de l'argent public de façon trop excessive pour son emménagement en Lorraine[278]. Si Marty le somme de rembourser les dépenses s'élevant à quatre fois le forfait prévu, il a en revanche refusé de lui payer ses notes d'hôtel durant les travaux.

Concernant tous ces dossiers, Marty fait fonction d'expert, s'en tenant aux textes, aux usages et aux règlements. Sur de nombreux dossiers « politiques » comme l'échange des dépêches entre l'Alsace-Lorraine et l'Allemagne, ou avec la Suisse, entre les militaires et les autorités, il laisse son supérieur hiérarchique, à savoir Millerand, en première ligne[279]. Avec le cabinet de ce dernier, mais aussi avec le directeur régional des PTT de la région, voire le ministre en personne, ainsi qu'avec les élus d'Alsace-

---

[277] Arch. dép. du Bas-Rhin, 121 AL 1144 : organisation et fonctionnement des services postaux en Alsace-Lorraine... (1918-1925), « Note au commissaire général sur l'arrivée des CCP en Alsace-Lorraine », 16 juin 1919.

[278] Arch. dép. du Bas-Rhin, 121 AL 1147 : affaires individuelles : nominations, mutations, réintégrations, retraites, indemnités (1919-1925), « Lettre du directeur régional des PTT à Monsieur le commissaire général de la République », 15 octobre 1920.

[279] Arch. dép. du Bas-Rhin, 121 AL 1149, service de l'exploitation postale (1918-1925), « Relations entre l'Alsace-Lorraine et l'Allemagne, la Suisse et la Sarre ».

Lorraine, dont les députés, Marty mène un incessant travail administratif de suivi et de correspondances. La renommée acquise durant les quatre années pleines de son mandat exceptionnel auprès du grand quartier général, l'aide assurément dans la dimension de son nouveau poste.

II. Vers le nouveau statut des postiers alsaciens-lorrains

Cette réputation a préalablement été l'une des raisons principales qui ont aussi poussé à choisir Marty pour remplir la mission prioritaire incluse dans ses nouvelles fonctions. En effet, Millerand le délègue spécifiquement comme cheville ouvrière et plénipotentiaire de la commission qu'il instaure le 13 septembre 1919 pour « l'étude de la réforme du statut du personnel alsacien-lorrain des PTT, titulaire ou auxiliaire, dans les parties où des modifications seront jugées nécessaires, notamment en ce qui concerne les traitements, indemnités et salaires ».

Les réflexions préparatoires de l'expert

Mais pour en arriver au lancement de cette commission technique, il aura fallu du temps pour que Marty finisse par se ranger à l'avis de son supérieur. Cet engagement ne se fait pas sans hésitation pour lui. Précisons d'abord le cadre de sa réflexion évolutive. Le 9 juin 1919, la Chambre des députés vote la loi concernant le relèvement des traitements des personnels du cadre français. En poste depuis à peine un mois, Marty doit prendre en compte cette nouvelle donne et mesurer dans quelles conditions les améliorations envisagées pour le personnel français pourront être étendues au personnel du cadre alsacien.

Le 21 juin 1919, Marty, reçoit de Millerand sa lettre de mission. Elle l'enjoint de commencer à recevoir les représentants de la section d'Alsace-Lorraine du syndicat national des agents des PTT en prévision de la révision de leur statut[280]. En plus de l'évolution législative nationale récente, il doit donc entendre les aspirations d'une population administrative qui espère bien se faire entendre. Ce sujet du statut, des statuts devrait-on dire, est pris très au sérieux par les associations de postiers qui en ont fait leur cheval de bataille comme symbole d'une réintégration réussie et prometteuse. Celles-ci sont nombreuses et mobilisées. Le 3 août 1919, Marty reçoit de l'union des agents, sous-agents et dames employées lorrains, un

---

[280] Arch. dép. du Bas-Rhin, 121 AL 1145, personnel des divers services postaux, affaires générales… (1919-1925), « Lettre du commissaire général au directeur du service central des PTT, Strasbourg » 21 juin 1919.

Un ultime engagement au service de la nation 143

rapport en vue d'obtenir une régularisation rapide du statut du personnel de Lorraine et d'Alsace. Sommé de combler les 50 % de postes laissés vacants par le départ des personnels allemands et d'améliorer la situation précaire des *Postboten* qui se meurent (stagiaires, assistants et facteurs non commissionnés[281]), Marty doit les mettre en attente de la prochaine commission. Quelques jours avant celle-ci, il reçoit un second document, cette fois-ci de la part de l'Union des PTT, section de la Lorraine, soutenue par la section syndicale d'Alsace. Il s'agit d'un long rapport étalant toutes les revendications soumises et exprimant aussi sa surprise de ne pas voir le processus d'assimilation plus rapidement lancé. Celle du syndicat national des agents des PTT, section Lorraine, lui emboîte le pas au tout début d'octobre.

Marty est bien conscient du fait que le statut des personnels des deux espaces géographiques ne diffère malheureusement pas que par les traitements, ce qui faciliterait bien sa tâche. Il suffirait alors de réviser la classification technique du personnel alsacien-lorrain, pour la faire coïncider avec celle du cadre français en normalisant les échelles de traitements, les mêmes règles de passages classe par classe. La différence profonde des deux statuts complique singulièrement la question. S'agitent dans son esprit les options autour du nivellement des traitements des statuts différents. Mais cela laisserait subsister des inégalités inadmissibles s'ils ne sont pas unifiés. L'été 1919 lui donne l'occasion de synthétiser sa pensée à travers une très longue note qu'il adresse à Millerand le 28 août, dans laquelle il expose le contexte, ses options, ses réflexions et le cadre de sa mission[282].

Dans ce document de travail confidentiel, il organise en douze catégories les points problématiques qui seront inévitablement à aborder dans les travaux de la commission, à savoir : les indemnités créées pendant la guerre, celles de fonctions, de résidence ou de logement, de responsabilité et pour frais de régie ; les indemnités pour service complémentaire ou de nuit et celles de chaussures ; les frais de déplacement ; le recrutement et le commissionnement ; l'avancement de classe et de grade ; le régime des pensions et les congés ; le système disciplinaire. Pour chacune d'elles, Marty met en miroir le cas français et le cas alsacien-lorrain de manière à rapidement tirer un visuel comparatif. Il conclut sa note par la question qui prime : « Ce personnel [alsacien-lorrain] conservera-t-il son statut spécial,

---

[281] Le recours à des intervenants auxiliaires et temporaires était fréquent dans la Poste allemande.
[282] Arch. dép. du Bas-Rhin, 121 AL 1146 : traitements et statuts (1919-1925), « Note au sujet de la réforme des traitements du personnel des PTT en Alsace-Lorraine. Comparaison du statut du personnel des services français avec le statut alsacien-lorrain », août 1919.

sauf à y introduire quelques changements de détail, ou adhèrera-t-il au statut français, dans son ensemble ? ».

Pour tenter de dégager les éléments constructifs de réponse possible, Marty a élaboré deux hypothèses. Une première considérée comme « basse », dans laquelle le personnel alsacien lorrain garderait sa hiérarchie propre, ses dénominations actuelles, ses indemnités qui ne pourraient être unifiées avec les indemnités françaises, ses règles d'avancement de classe et de grade, son régime des congés et pensions, son système disciplinaire. Seuls, le personnel nouvellement recruté en Alsace et Lorraine après novembre 1918, et le personnel ouvrier, sans à proprement parler de statut, seraient soumis au statut français dans toutes ses parties. Dans ce cas, les nouveaux traitements à adopter pour les fonctionnaires, agents, sous-agents et dames employées du cadre alsacien-lorrain, seraient des traitements intermédiaires. Ils seraient fixés en tenant compte des nombreux et importants avantages que le personnel alsacien-lorrain tire de son statut spécial hérité de l'Empire allemand, tout en envisageant de faire ce qui est possible pour égaliser les indemnités qui pourraient l'être, de manière à réduire les différends entre les deux statuts.

Une seconde hypothèse, celle-là apparemment plus fidèle aux desseins des dirigeants du commissariat général, viserait à conférer le statut français dans son intégralité au personnel alsacien-lorrain. Si bien que cinq conséquences en découleraient. Les catégories de personnel d'Alsace et de Lorraine, tout comme leurs échelles de traitements, seraient mises en concordance avec les catégories françaises et leurs nouveaux traitements. Toutes les indemnités héritées du passé seraient supprimées ; le personnel en revanche bénéficierait de celles françaises présentes ou futures. Le personnel alsacien-lorrain participerait au système d'avancement français de classe et de grade. Il serait soumis au régime de la loi de 1853 pour la retraite et les congés. Enfin, le système disciplinaire français serait introduit en Alsace-Lorraine.

Marty face à la possible surenchère régionale

Dans la même note confidentielle à Millerand en cette fin août 1919, Marty se confie à son patron en ces termes très directs, laissant présager l'extrême difficulté du processus à venir :

> Le personnel du cadre local, qui ne pouvait pas se rendre compte de la complexité de la question, montre déjà quelque impatience. Il voudrait que soit constituée d'urgence, pour étudier la réforme, une commission dont les conclusions auraient pour l'administration un caractère obligatoire […].

Mieux, Marty se questionne sur l'utilité d'une commission dont on ne peut pas attendre la hauteur de vue et la sérénité nécessaires, ainsi que sur le rôle ambivalent qu'il aurait à y jouer :

> L'idée d'attacher un caractère impératif aux propositions d'une commission, ne supporte pas l'argument. Non seulement je ne m'y arrête pas, mais j'hésite même à proposer la constitution d'une commission. Je n'ai pas autour de moi des fonctionnaires compétents suffisamment nombreux pour faire contrepoids dans la commission, à la représentation du personnel qu'il faudrait y mettre. D'autre part, je serai certainement amené à prendre la présidence de cette commission, et par conséquent, bien mal placé pour en combattre les conclusions si elles ne m'agréent pas. Or je m'attends à de sérieuses divergences, le personnel d'ici se croyant fondé à revendiquer tous les avantages particuliers de la situation du personnel français, sans tenir compte de ceux nombreux et importants qu'il tient de son propre statut. Une question capitale se présente au seuil de l'étude à faire : quel statut, alsacien-lorrain ou français, sert de base à la réforme ?

Une dizaine de jours plus tard, le 7 septembre, dans une lettre à Millerand, Marty enfonce le clou à la fois sur les limites, les choses à faire et les impossibilités à réaliser, ainsi que sur le manque de rationalité d'une partie des futurs négociateurs au sein de la commission :

> Âge pour âge, fonction pour fonction, l'agent ou le sous-agent alsacien-lorrain touche davantage dans les conditions actuelles que le français ! Élever au niveau français les indemnités de cherté de vie pour le personnel alsacien-lorrain qui est en état d'infériorité sur ce point, ferait donc accentuer encore l'écart à son profit […]
> Le personnel alsacien-lorrain, hypnotisé par l'un des éléments du statut, le seul qui lui soit légèrement défavorable par rapport à l'élément correspondant du statut français, néglige de tenir compte des avantages considérables qu'il tire par ailleurs de sa situation particulière […]
> Quoique meilleure que celle du personnel français, la situation du personnel alsacien-lorrain a besoin d'être améliorée ; c'est ce qui va être fait par le relèvement des traitements, réglé de manière à obtenir la parité de situation des deux personnels.

L'intérêt que porte Marty à la condition des postiers de l'Est et l'esquisse de jugement de Salomon qu'il développe, témoignent du fait qu'il pressent bien la balance qu'il va falloir trouver pour satisfaire les syndicats et tenir sa feuille de route. Son courrier précède l'ouverture de la commission d'une quinzaine de jours. Durant ce laps de temps, Marty aura finalement assoupli son opinion quant à l'utilité de la commission : il se sera résolu à y contribuer en étant placé, du moins officiellement, comme son vice-président.

III. Le négociateur dans la lumière

Quatre mois après la nomination de Marty auprès du commissariat général, la commission est donc mise en œuvre par Millerand, le 13 septembre 1919, « pour l'étude de la réforme du statut du personnel alsacien-lorrain des PTT, titulaire ou auxiliaire dans les parties où des modifications seront jugées utiles, notamment en ce qui concerne les traitements, indemnités et salaires ».

La commission instamment guettée

C'est à un obscur contrôleur de 1re classe de l'administration de travail, directeur du service du secrétariat général du commissariat général, M. Simon, qu'échoit la présidence. Marty ne souhaitant rester en retrait et ne pas cumuler les fonctions, il hérite de la vice-présidence aux côtés de six membres de l'administration postale locale : Roques est directeur des PTT à Strasbourg, Tachot, directeur à Metz, Ravillon, directeur à Colmar, Troaster et Vetter, conseillers à la direction de Strasbourg, Léonard, sous-directeur du service central. De Medelsheim représente la direction générale des Finances. L'aéropage est complété par quatre représentants des diverses catégories du personnel parmi la section d'Alsace de la Fédération des PTT et un représentant de l'Union de Lorraine.

À peine officialisée, la commission voit son vice-président, dont personne n'est dupe du rôle central, attaqué par un article du journal alsacien *La République* du 21 septembre 1919. Il s'en prend au double langage de Marty, apparemment bienveillant et constructif en public, obtus et sans concession en privé, sur les salaires des alsaciens-lorrains[283] :

> Il ne connaîtrait qu'un seul système d'économies, il se dit : « le service sera fait quand même (de quelle façon, cela lui est égal comme il semble). Il n'est pas pour l'association [700 membres dont la plupart font partie déjà du syndicat] car il déclare : "le syndicat est l'organisation compétente avec laquelle je dois négocier !" » Dieu merci, M. Marty le reconnaît, qu'il veuille donc bien agir en conséquence et non pas traiter de façon détournée.

La pression est indéniablement mise par les postiers locaux sur ce qu'ils estiment être un instrument du pouvoir central, dont ils se méfient. C'est le majestueux hôtel des Postes de Strasbourg qui accueille les débats, plusieurs après-midi entiers, généralement de 14 h 45 à 18 h 45. Elle a pour travail l'examen ; de la correspondance entre la hiérarchie et la dénomination des

---

[283] *La République*, 21 septembre 1919.

fonctions en France et Alsace-Lorraine[284] ; de la fixation des salaires du personnel auxiliaire permanent ; de l'organisation, du recrutement, des salaires et des allocations éventuelles du personnel ouvrier.

La première réunion se tient le 24 septembre. Son but est de procéder à une étude en vue d'arriver à assurer l'équivalence aussi absolue que possible de la situation du personnel du cadre alsacien-lorrain et du cadre français, après comparaison des avantages d'ordre pécuniaire et d'ordre moral des deux statuts, résultant de l'application de la réforme des traitements en discussion au Parlement. Les suivantes s'enchaînent à un rythme assez soutenu, les 27 septembre, 30 septembre, 3 octobre, 8 octobre, 16 octobre, 18 octobre, la dernière étalant le processus sur moins d'un mois ! Tout au long de ces sept sessions, les services de Marty produisent une foule de notes et de rapports techniques comparés sur chacun des sujets évoqués par la commission, servant de base aux échanges avec le président de ladite commission et d'information sur l'avancement des débats auprès du commissaire général, Millerand.

Un programme chargé dans un calendrier resserré

Concilier les aspirations des syndicats de postiers locaux avec la ligne tracée par le pouvoir dévoile en filigrane la ligne d'un programme de commission très dense.

En ouverture de la première session, Marty déclare son intention de tendre vers la réalisation de l'égalité de traitement des deux catégories de personnel, tout en étant conscient des écarts originels. Il fait l'exposé de la différence de conception des indemnités de vie chère et de supplément de temps de guerre dans les deux systèmes, allemand et français. Et conclut par l'avis de ne pas attribuer au personnel alsacien-lorrain les indemnités et suppléments du service français car ils seront supprimés bientôt et incorporés dans les nouveaux traitements à compter du 1er juillet 1920. Il reconnaît qu'il faut cependant venir en aide au personnel alsacien-lorrain, mais par une autre formule. Une allocation forfaitaire ne compliquerait pas à outrance la comptabilité et donnerait satisfaction au personnel. Il propose de réaliser la réforme des traitements du personnel auxiliaire dès le 1er octobre, ce qui rendrait inutile l'allocation d'une indemnité de cherté de vie en sa faveur. Lors de la seconde réunion, Marty évoque une aide d'urgence au personnel, à hauteur de 100 F alors que les représentants

---

[284] Par exemple, pour témoigner de la complexité des sujets, celui du *Postschaffner*/facteur de ville et facteur local. Le *Postschaffner* tient à la fois du facteur et du gardien de bureau, ce qui dans le cadre français, n'existe pas. Le facteur local y est assimilé au facteur rural. En Alsace-Lorraine, les trois catégories n'en forment qu'une, au point de vue du traitement.

demandent 650 F. Les parties s'accordent sur 125 F possibles par mois, tout en permettant de supposer que cette somme demeurera inférieure compte tenu des ajustements législatifs.

La troisième réunion offre à Marty la possibilité d'annoncer que le Sénat vient d'adopter le projet de loi relatif au relèvement des traitements des fonctionnaires français, mais que la loi ne sera pas promulguée tout de suite car nécessitant un règlement de détails. Sur ces bases néanmoins, il livre un projet de grille de salaire du personnel.

Dans la même session, le sujet des auxiliaires, si précieux au moment de l'alternance des tutelles allemande et française, vient sur la table. Marty s'oppose à une requête demandant l'assimilation du temps d'auxiliariat comme temps de surnumérariat[285], tout en signalant que jeunes facteurs, auxiliaires permanents et stagiaires reçus au concours du surnumérariat comptant quatre ans ou plus de service, seront nommés commis sans période de surnumérariat, à condition d'avoir satisfait à la loi militaire. Il adoucit sa position en annonçant qu'il n'est pas dans ses intentions de licencier le personnel auxiliaire donnant satisfaction, même s'il ne réussit pas au concours, en essayant de lui faire une situation, par exemple en rentrant dans la catégorie des agents-manipulants.

En clôture, Marty expose les premiers contours de sa conception du statut alsacien par l'examen de l'assimilation des grades et la fixation des traitements nouveaux. Il l'envisage en comparant la situation des agents de grade et de fonctions équivalentes dans les deux services, en vue de fixer les suppléments des traitements à allouer au personnel alsacien et lorrain. Quant aux pensions, ce n'est qu'après que la question aura été réglée en France, que les autorités et représentants des associations de personnels pourront en tirer les atouts pour l'Alsace-Lorraine.

Jusque-là silencieux, les représentants syndicaux remarquent, durant la quatrième session, la bonne volonté manifeste de l'administration française à propos de deux exemples. Sur les congés, Marty propose le maintien de la réglementation du régime ancien pour les agents qui conserveront le statut local. Pour les sous-agents, dix jours jusqu'à 45 ans, quatorze jours ensuite : il y a équivalence avec le régime français (douze jours). Sur les pensions, Marty signale les avantages du régime local au point de vue des conditions d'âge, du taux, de son mode de calcul, du droit des veuves et orphelins. Il considère que les avantages acquis jusqu'à présent font partie du statut alsacien-lorrain et doivent être conservés aux agents qui voudront garder ce statut.

---

[285] Le surnumérariat est la première phase officielle d'entrée dans les PTT alors que l'auxiliariat ne possède qu'un statut inférieur et variable.

La cinquième session est l'occasion d'une passe d'armes entre Marty et les syndicats qui s'opposent au sujet de deux cas sur l'examen des hiérarchies et assimilations de fonctions. Celui des secrétaires supérieurs d'Alsace-Lorraine, présents dans les recettes principales, qu'on ne peut absolument pas fondre avec les rédacteurs du cadre français qui eux, ne sont que dans les directions des services administratifs. Il n'y a pas d'équivalence de contenu du travail ni du niveau hiérarchique, les deux étant au débours desdits métiers alsaciens. D'autre part, le cas des inspecteurs de direction et de bureau, contrôleurs des services d'exploitation, pose question : Marty propose de les assimiler à des contrôleurs du cadre français, mais absolument pas au grade supérieur des inspecteurs dont l'envergure professionnelle est sans commune mesure !

La sixième réunion s'ouvre sur une nouvelle passe d'armes entre Marty et les représentants des personnels locaux sur plusieurs sujets. À ce moment-là de la première moitié d'octobre 1919, on ressent plus précisément le raidissement des participants sur des sujets satellites au sujet principal qu'est le statut. Se pose par exemple le cas d'un certain M. Scheer réclamant un poste d'inspecteur supérieur et que Marty met en attente en signalant qu'il le sera quand « son tour sera arrivé » quels que soient ses mérites sous l'ère précédente. Ou encore le cas des équivalences entre concours de secrétaire et concours de rédacteur que Marty ne peut trancher tout simplement parce que personne n'a comparé les programmes et les épreuves. En aucune façon, Marty n'a souhaité fondre les deux, expliquant qu'un secrétaire alsacien-lorrain n'était l'égal que d'un commis ayant réussi l'examen de rédacteur, et pas davantage.

L'examen de l'ensemble de ces points, qui pour la plupart ne touchent pas au cœur des décisions à prendre sur le futur statut, a alourdi, parfois tendu, les débats devant mener au consensus. Il sera d'ailleurs totalement absent, une fois survenue la promulgation de l'arrêté officiel.

Marty et le nouveau statut contestés

À deux reprises entre la fin des sessions de la commission et la promulgation du nouveau statut, Marty reçoit, le 8 octobre et le 15 novembre, de nouvelles propositions de la fédération des PTT d'Alsace-Lorraine. Celle-ci est ferme sur ses revendications – maintien des droits acquis, sous-entendu, durant la période allemande et réforme des traitements, sous-entendu, augmentation car cherté de la vie – ; elle est aussi lucide sur l'adaptation nécessaire pour réaliser l'harmonie avec le statut français :

Nous ne voudrions pas que le statut local fût une gêne pour le rattachement complet à la Mère Patrie. Quoi qu'il recèle en lui-même le germe du mal qui l'emportera, il ne peut pas disparaître maintenant. C'est pour cela qu'il faut garder des débouchés et assurer à ceux d'entre nous qui en seront reconnus dignes leurs nominations aux emplois d'avancement vacants. Les deux premiers points de nos revendications acquis, nous nous attacherons à étudier avec le soin le plus méticuleux les méthodes d'adaptation du statut local du cadre français naissant.

Le nouveau statut du cadre alsacien-lorrain est édicté par un arrêté du 19 décembre 1919, signé par Millerand. Il prévoit la fusion des catégories de personnels avec ceux de la métropole. Il détaille aussi un supplément de rémunération annuelle pour les agents d'Alsace-Lorraine. À peine rendu public, il fait l'unanimité contre lui parmi les locaux qui dénoncent sa précipitation, si peu de temps après la fin des travaux de la commission, mais aussi ses décisions visant à l'effacement de certains héritages de l'époque impérial dont les postiers semblent jaloux. Le texte ne s'avère apparemment pas consensuel, car imposé selon les organisations professionnelles, et ce malgré les diverses sessions d'échange.

Tant et si bien que deux jours plus tard, le 21 décembre 1919, Alizon, inspecteur principal de la police de Strasbourg, fait état d'une mobilisation populaire. Elle se produit à l'occasion d'une assemblée générale des employés d'Alsace-Lorraine avec des délégués de la fédération des fonctionnaires d'État, des instituteurs et des cheminots, à laquelle 500 personnes assistent[286]. Le président y déclare se poser la question de savoir s'il fait déclencher la grève immédiatement ou s'il engage de nouveaux pourparlers sans l'intermédiaire de M. Marty avec qui la fédération ne semble plus vouloir négocier. Un délégué conseille la prudence et la modération, déclarant que ça n'était pas le moment de grève bien que le gouvernement, par l'intermédiaire de Marty, semble les pousser dans cette voie. La promulgation du décret concernant le statut des postiers semble à deux doigts de mettre le feu aux poudres. Le lendemain est publiée la résolution prise à l'issue des débats[287]. Celle-ci se dit indignée par le projet de statut né des réunions de la commission d'examen. Dans ce projet, elle « ne trouve pas la bienveillance qu'un chef d'administration doit avoir pour son personnel », compromettant implicitement Marty qui aurait, sinon outrepassé, du moins détourné des sujets de désaccords.

---

[286] Arch. dép. du Bas-Rhin, 121 AL 1145 : personnel des divers services postaux, affaires générales… (1919-1925), « Rapport de l'inspecteur principal de la police de Strasbourg », 21 décembre 1921.

[287] Arch. dép. du Bas-Rhin, 121 AL 1146 : traitements et statuts (1919-1925), « Résolution prise par l'assemblée générale des employés des PTT d'Alsace-Lorraine », 22 décembre 1919.

Mais la levée de boucliers ne provient pas que des personnels des territoires reconquis. Il est intéressant de mesurer combien la solidarité professionnelle joue à travers le mouvement syndical postal. Elle transparaît dans *la France postale* du 27 décembre 1919, quand l'organe d'information et de vulgarisation des services accable la volonté brutale d'assimiler les collègues alsaciens-lorrains au statut des nationaux[288] :

> L'assemblée générale des employés ouvriers des PTT a pris connaissance avec indignation du nouveau projet de statut. Les délégués n'ont pas eu l'occasion de prendre position après avoir connu le contenu du projet et de l'arrêté en question : une audience qu'ils ont sollicitée de M. Millerand en vue de protester contre ce projet, leur a été refusée.
> Le statut est censé contenir des augmentations de traitement et l'égalité avec les employés de la métropole ; au contraire, le nouveau statut désavantage sensiblement les employés, une série d'indemnités de vie chère disparaît et il n'est pas tenu compte de la hiérarchie des employés. Les principes sociaux qui étaient contenus dans l'ancien statut n'y sont nullement respectés : ils sont au contraire négligés ou abolis.
> L'assemblée proteste donc avec la dernière énergie contre l'introduction du nouveau statut. Si elle ne prend pas dès maintenant des décisions plus graves, c'est que le bien et le salut du pays lui tiennent à cœur. Le syndicat demande l'exécution de ses revendications propres jusqu'à un délai dont il fera part au gouvernement.

Dans cet article au vitriol contre les autorités locales représentant l'État, le syndicat exprime de plus son extrême méfiance vis-à-vis de Marty coupable d'avoir « manqué de bienveillance à l'égard du personnel ». La ligne de confiance semble rompue entre les hauts fonctionnaires du commissariat général et les syndicats.

En janvier 1920, l'assemblée des postiers alsaciens-lorrains proteste contre l'affirmation que le nouveau statut ait été établi sur l'avis de la commission chargée de l'étude du cadre alsacien. Elle s'oppose au traitement infligé au personnel par ce nouveau statut. Elle considère celui-ci comme une violation du droit et le signale à l'opinion populaire[289].

Le 1er avril 1920, l'organe officiel du syndicat national des agents (France et colonies) publie un article qui résume à la fois l'évolution de la situation locale ces vingt-quatre derniers mois, tout en ne comprenant pas un tel empressement dans la réforme. Selon lui, il ne fera que braquer les Français des territoires de l'Est.

---

[288] *La France postale*, 27 décembre 1919, p. 1.
[289] *La France postale*, 16 janvier 1920, p. 3.

Lorsqu'après l'armistice, l'administration française prit la direction des services PTT d'Alsace-Lorraine, elle dut procéder le plus tôt possible à l'expulsion du personnel d'origine allemande, et reconstituer de nouveaux cadres avec des éléments de la métropole en attendant que le recrutement local puisse faire face aux besoins de l'exploitation. Bientôt, une violente campagne de presse réclamait l'attribution totale des fonctions publiques à des citoyens alsaciens-lorrains sans tenir compte de la nécessité d'assurer au préalable l'instruction professionnelle de ces derniers et d'avoir pendant une période transitoire un personnel expérimenté pour assurer la bonne marche des services. Cette campagne qui dressait l'élément local contre l'élément métropolitain ajoutait de nouvelles difficultés à celles provoquées par de lourdes fautes commises par la haute administration. Une des plus grosses erreurs fut celle de M. Millerand, alors commissaire général de la République, quand par arrêté du 19 décembre 1919, il voulut réglementer dans un statut le régime du cadre alsacien-lorrain. Aussitôt un grand émoi s'empara du personnel en fonction dans les provinces reconquises : les droits acquis solennellement reconnus et le maintien promis, se trouvaient menacés. La France libératrice refusait aux fonctionnaires alsaciens l'intégralité des avantages dont ils bénéficiaient sous le régime d'empire, en ce qui concerne les pensions, les congés, etc. Alors que les règles nouvellement établies auraient dû s'inspirer des sages principes d'une adaptation progressive, le régime instauré constituait une pénétration brutale de la législation administrative française dans l'ancienne réglementation d'empire[290].

Que comprendre de ce texte à charge contre l'État et ses représentants ? Erreur historique et administrative imputée à Millerand ; autoritarisme et manque d'écoute de son subalterne Marty : les griefs imputés à l'encontre du binôme de la gouvernance d'Alsace-Lorraine nourrissent le mouvement soutenu mais républicain, de revendications alsacien-lorrain… Cette situation dure jusqu'en octobre 1920, lorsque intervient finalement la régularisation définitive de la situation des fonctionnaires. Le nouveau statut est définitivement retouché selon des principes que Millerand et Marty n'avaient pas voulu voir s'imposer, à savoir ceux de la supériorité sociale des lois de l'empire jadis en vigueur. Marty quitte son poste à la même époque, sur un semi-échec. Si son mandat n'a été entaché d'aucune grève ni paralysie des services postaux dans l'Est, sa mission pour l'élaboration de ce statut a en revanche été dénaturée sur son extrême fin.

---

[290] *PTT, organe officiel du syndicat national des agents des PTT (France et colonies)*, 1ᵉʳ avril 1920.

Chapitre VIII

Une carrière couronnée

La carrière de Marty a été ponctuée d'honneurs, aussi bien militaires que civils, ainsi qu'éditoriaux, trois domaines qui donnent à voir un homme au plastron relativement large.

I. Une kyrielle de décorations

La brillante insertion et la remarquable constance dont Marty fait preuve dans l'exercice de ses missions, se mesurent régulièrement par la nature et le nombre de ses décorations. Celles qu'il reçoit témoignent de la reconnaissance due à un grand commis de l'État.

Dans l'élite administrative et républicaine

Marty reçoit le titre d'officier d'académie par arrêté du 16 février 1899, ainsi que les palmes qui accompagnent cette distinction. Rares pour un fonctionnaire non-enseignant, celles-ci pouvaient cependant être accordées en dehors du ministère de l'Instruction publique, par son homologue de l'Industrie et du Commerce pour les agents sous sa tutelle, dans le cadre du caractère remarquable d'une carrière. Cependant, on ne connaît pas exactement la motivation première de l'attribution de ce titre. Huit années pleines après sa sortie de l'ENSPTT au second rang de la promotion, Marty reçoit-il cette décoration pour l'excellence de son parcours ? Difficile de croire dans la possibilité d'une décision qui serait intervenue fort tardivement. À l'inverse, ce n'est qu'en 1911 que Marty livre sa refondation du cursus de qualification pour les surnuméraires et du recrutement des enseignants devant intégrer « neuf universités postales, télégraphiques et téléphoniques[291] » ; à proprement parler, vu le caractère ambitieux de cette réforme, il aurait pu recevoir le titre d'officier d'académie à cette occasion. Sauf élément qui aurait échappé à cette recherche, il faut donc très probablement se contenter

---

[291] Voir chapitre III.

de l'hypothèse d'un accessit attribué au titre d'une première phase de promotion professionnelle brillante.

Par ailleurs, Marty fait son entrée dans le corps de la Légion d'honneur relativement précocement au regard de sa situation professionnelle, en janvier 1906[292]. À cette époque, il est affecté au ministère en tant que chef de bureau au cabinet du sous-secrétaire d'État ; il y entame sa dernière année avant d'intégrer – mais il ne le sait pas encore – le corps d'élite des inspecteurs généraux. Voyons dans cette distinction précoce la récompense de ses états de service auprès de l'administration centrale et, certainement, d'une proximité personnelle féconde avec les autorités politiques de tutelle.

Le grade de chevalier lui est remis par un futur « collègue » que Marty retrouvera quelques mois plus tard, puisque Bizet, inspecteur général des Postes, est mandaté pour cette cérémonie. Le 26 janvier, son nom apparaît dans la presse parmi la liste des heureux promus[293].

Son ascension dans l'échelle des grades de l'ordre se poursuit sept ans plus tard. Il devient officier de la Légion d'honneur, le 6 juin 1913. C'est Mazoyer, patron de la direction de l'Exploitation postale, qui le décore. Sa promotion est mentionnée dans la presse moins d'une semaine plus tard[294]. Il atteint l'avant-dernier stade de l'ordre après le premier conflit mondial. Il apparaît évident qu'à cette époque, sa renommée justifie pareille reconnaissance par la nation.

Par décret du 8 novembre 1920, il est donc promu commandeur. À cette époque, c'est sa fonction dans l'administration militaire en tant que payeur général de première classe qui est mise en avant, alors que Marty a déjà regagné le corps des inspecteurs généraux en retrouvant sa place parmi les postiers civils : l'élévation à ce rang n'est pas accompagnée par l'obtention de la croix de guerre, ainsi que cela est spécifié dans *Le Journal officiel*[295].

D'où l'on découvre, en s'intéressant aux subtilités de cette décoration, que cette assertion est en effet exacte, tout en insinuant dans l'esprit du profane une conclusion erronée sur le fait de savoir si Marty a effectivement reçu ou non cette distinction, puisque sa plaque mortuaire et son avis de décès y font une référence explicite. Tout s'explique en apprenant que seules les citations à l'ordre de l'armée, donc avec « palme », sont publiées au *Journal officiel*. Les autres sont inscrites à

---

[292] Base LEONORE, dossier LH/1770/41, MARTY Augustin Alphonse, 1862/05/28, Aveyron ; Conques.
[293] *Le Rappel*, 26 janvier 1906.
[294] *La Lanterne*, 11 janvier 1913.
[295] *Journal officiel de la République française. Lois et décrets*, 10 novembre 1920, p. 18 002.

Une carrière couronnée 155

l'intérieur des journaux de marche des unités militaires correspondant au rang de la citation : corps d'armée, division, brigade et régiment ou leurs équivalents dans l'armée de l'Air et la Marine. Marty étant cité à l'ordre de son corps d'armée, il était normal de ne pas en trouver trace dans des documents de grande audience.

Honoré pour sa contribution à la guerre

C'est le 8 février 1919 que le maréchal Pétain, qui est encore le commandant en chef des forces de l'Est de la France, signe l'ordre général n° 13368, au profit de Marty. Lui est octroyée la croix de guerre avec étoile de vermeil[296]. Cette reconnaissance, au troisième échelon dans cet ordre militaire[297], témoigne de l'importance du personnage, que le chef des armées met sur le devant de la scène publique un trimestre après la fin du conflit. L'organisation de la Poste aux armées demeure efficace ; le temps est à l'apaisement retrouvé. Il semble que le moment soit opportun de récompenser, hors de tout contexte de combats, l'œuvre fondamentalement utile d'un homme. La citation, qui lui est faite à l'ordre du corps d'armée, concerne donc bien son passage à l'inspection technique de la Poste militaire.

À l'origine, la croix de guerre devait initialement récompenser, par décret d'avril 1915, les combattants cités individuellement pour faits de guerre. Mais son spectre s'est élargi plus tard pour décerner ces récompenses aussi bien aux combattants français qu'étrangers. Il est également étendu à des citations collectives, en l'honneur de villes ou de villages martyrs ayant particulièrement souffert des conséquences directes ou indirectes de la guerre, ou bien encore d'unités militaires héroïques au front ou très douloureusement décimées par les assauts. D'origine civile et patron d'un service technique dépendant de l'intendance générale des armées, Marty n'appartient donc pas *a priori* aux catégories éligibles. C'est bien sa fonction exceptionnelle, doublée de la portée de sa réforme, qui confère à cette récompense un caractère exceptionnel.

Chaque mot de la citation, décernée selon la typographie du document, à « M. Marty, Augustin Alphonse – payeur général de 1re classe – inspecteur

---

[296] Centre des archives du personnel militaire (CAPM), ordre général, 13368D, « M. Marty », 9 février 1919.
[297] Dans l'ordre croissant d'importance : une étoile en bronze pour citation à l'ordre du régiment ou de la brigade : une étoile en argent pour citation à l'ordre de la Division : une étoile en vermeil pour citation à l'ordre du corps d'armée : une palme en bronze pour citation à l'ordre de l'armée.

général technique de la Poste militaire »[298] est lourd de sens. Il révèle la profonde inscription de l'action de l'homme dans la mémoire collective :

> Organisateur de premier ordre qui, depuis novembre 1914, a su à force de volonté et grâce à son expérience technique, assurer dans les conditions les plus difficiles, le fonctionnement d'un service particulièrement compliqué et important.
> A contribué de ce fait pour une large part à soutenir le moral des troupes pendant plus de 4 ans de guerre.

À travers ces médailles reçues, qu'elles scandent son excellent parcours au sein de l'ordre de la Légion d'honneur récompensant les « mérites éminents » militaires et civils rendus à la Nation par Marty ou bien qu'elles sous-tendent l'attribution de la croix de guerre pour la conduite exceptionnelle d'un service dont il a su faire un socle de l'efficience militaire, Marty est reconnu comme un acteur majeur dans la conduite du conflit. Qui dit soutien moral des troupes, dit, par extension, soutien moral de l'arrière positif et porteur des espoirs de victoire finale adressés au front ! Un cercle vertueux pour l'ensemble du pays, dont le commandement militaire incarné par Pétain estime devoir les origines à la contribution de Marty.

Une mise en retraite contentieuse

Bardé de tant d'honneurs, Marty prend sa retraite le 1er novembre 1923 à l'âge de 61 ans. *Le Journal officiel de la République* établit sa longue carrière à 41 ans, 5 mois et 3 jours de bons et loyaux services[299]. Le grand commis de l'État émarge à 6 000 F de pension civile annuelle (ce qui, pour l'anecdote, représenterait aujourd'hui une somme de près de 4 900 €). Il faut ajouter à cela une majoration accordée par l'État de 2 325 F.

Au moment de cette retraite, Marty vit à Paris, au n° 6 de la place Vaugirard dans le XVe arrondissement. Il quitte les cadres des PTT le même jour qu'un de ses collègues de l'inspection générale, le dénommé Pierre Vialet ; celui-ci, comptant deux années de plus en service, a pourtant droit au même traitement de retraite[300].

Cette nouvelle étape de la vie de Marty ne semble pas survenir dans une période de pleine sérénité. L'ancien haut fonctionnaire a saisi le Conseil d'État pour réclamer ce qu'il estime être son dû[301] car il

---

[298] CAPM, *op. cit.*
[299] *Journal officiel de la République française, Lois et décrets*, 28 février 1924, p. 2072.
[300] *Annuaire des anciens élèves de l'École nationale supérieure des Postes et Télégraphes*, 1924.
[301] *Recueil des arrêts du Conseil d'État*, 1931, p. 935 et p. 1420.

trouve sa pension insuffisante. Il escompte prétendre au bénéfice de la
« campagne double », c'est-à-dire au maximum de la pension de retraite
des corps civils et militaires eu égard à ses engagements pour la France
entre 1914 et 1919. Les attendus du Conseil lui semblent d'ailleurs
favorables :

> Nommé inspecteur général technique du service postal militaire, poste
> plaçant son titulaire sous l'autorité du général en chef et qui, d'autre part, a
> servi dans la zone des armées, s'est ainsi trouvé dans les conditions fixées par
> l'article 10 de la loi du 16 avril 1920, pour pouvoir prétendre au bénéfice
> de la campagne double, et est fondé à soutenir que c'est à tort, que lui a été
> dénié tout droit au maximum spécial de pension, fixé par l'article 80 de la
> loi du 14 avril 1924.

Cependant, l'état du dossier ne permet pas de fixer le nombre des
annuités de campagne double auxquelles Marty a alors droit… Renvoyé
devant sa tutelle, à savoir le ministre des PTT pour la liquidation de la
pension à laquelle il a droit, on ignore la solution proposée à Marty et
comment cette affaire a finalement pu se dénouer.

Elle témoigne en tout cas d'un constat : la popularité d'un homme peut
très vite s'effacer. Elle ne lui évite pas non plus de subir les avatars de la
machine administrative, dont il se trouve être, lui-même, un pur produit !

II. Des mémoires professionnels en guise d'héritage

Avant ce retrait de la vie publique, Marty a pu mettre à profit ses
dernières années lors desquelles, à l'issue de sa mission au service
du commissariat de la République en Alsace, il redevient inspecteur
général. L'année 1922 constitue un point d'orgue, comme une année
d'aboutissement symbolique, et une belle année éditoriale. Il publie deux
textes, l'un exposant son expérience réformatrice entre 1914 et 1919,
l'autre présentant les résultats d'un rapport prospectif.

Manuel de réforme postale, par Marty

Son œuvre majeure tient dans l'édition d'un témoignage, chez Eyrolles,
dans la collection « Bibliothèque des annales des Postes, Télégraphes et
Téléphones » que l'École nationale supérieure des PTT entretient[302].

---

[302] Marty, A-A., *La Poste militaire en France*, op. cit.

Page de garde des mémoires militaro-professionnels de Marty

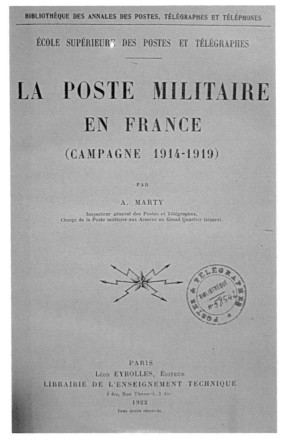

Source : BHPT, Marty, A.-A., *La Poste militaire en France (campagne 1914-1919)*, Paris, Eyrolles, 1922, 138 p.

Au fil de 138 pages bien renseignées, Marty ordonne sa pensée en ne contant jamais à la première personne du singulier, mais à la troisième, alors qu'un usage répandu à l'époque prévoit le « nous » de modestie.

Il décrit comment la Poste aux armées, telle qu'elle avait été organisée, était l'héritière du conflit franco-prussien avec ses spécificités propres, d'abord une guerre aux frontières, puis une guerre de siège et d'envahissement partiel du territoire jusqu'à la capitale. Ce bouleversement avait déjà très largement compliqué la tâche postale de l'armée, mais les maigres flux de l'époque ne l'avaient pas totalement noyée.

Il relate ensuite les grands axes de la réforme postale qu'il a menée intégralement à son terme et à bien, en quelques semaines au cours de

Une carrière couronnée

l'automne 1914, une fois entériné son affectation au grand quartier général, auprès de Joffre. La réorganisation du bureau central militaire à Paris, la création des secteurs postaux et une plus grande collaboration entre poste civile et poste militaire, constituent les trois axes majeurs, ferments du succès de Marty.

Ce livre constitue la source principale parvenue jusqu'à nos jours pour s'immerger dans le contexte particulièrement tendu de l'époque. Il dresse un tableau explicite des dysfonctionnements initiaux de l'organisation, le constat fait par les autorités militaires, puis la nature des réformes entreprises pour y remédier. Mais il témoigne aussi, de façon frappante, de l'impact de l'action de Marty, dont il s'auto-félicite pour la seule fois au fil des lignes. Il la place en miroir des évidentes nécessités que représentaient avant tout la nourriture et l'armement au front :

> Ravitaillement moral des armées assuré avec le maximum de régularité, service beaucoup plus rapide, plus sûr et plus discret, grosse économie d'effectifs et de frais d'exploitation de toute sorte, énorme développement du trafic payant, tels sont les avantages moraux et matériels de la nouvelle organisation sur l'ancienne[303].

Déjà soulignés en 1919 par Pétain pour la citation de Marty à l'ordre de la croix de guerre, les bénéfices moraux sont parfaitement identifiés. Ceux matériels, au profit d'une Poste s'engageant dans les années 1920 forte d'un nouveau savoir-faire, restent à mieux cerner.

Au moment de sa publication, on mesure mal la portée et le retentissement immédiats de cette édition. Dans le journal de l'Union postale universelle, paraît une brève de présentation en novembre 1922, qui escamote même le contenu du livre :

> Tenir secrets les emplacements des troupes tout en donnant à chaque homme le moyen de rester régulièrement en communication par lettres, avec sa famille, tel est le rôle de la Poste militaire en temps de guerre. L'ouvrage de M. Marty permet de suivre aux divers échelons le mécanisme de l'organisation qui pendant la campagne 1914-1919 permit à la Poste militaire française de faire face à toutes les éventualités[304].

S'agissait-il de demeurer politiquement correct pour ne froisser personne dans l'univers militaire ? Quoi qu'il en soit, le livre de Marty s'avère réellement être une explication par le menu de la réforme qui permit à la France de « faire face à toutes les éventualités postales ». Vendu au prix de 7 F de l'époque, ce tarif accessible, même s'il n'est

---

[303] Marty, A.-A., *La Poste militaire en France*, op. cit., p. 134.
[304] *L'Union postale*, n° 11, 1922, p. 173.

pas tout à fait bon marché, aura-t-il permis de populariser cet ouvrage technique ?

Mandats-poste et colis comme services postaux d'avenir

C'est ce que Marty tente d'esquisser dans la conclusion de son manuel en témoignant d'un sens de la prospective déjà avéré à propos de deux sujets. Le premier tient à l'emploi du mandat poste, mis en application en France en 1844 et qui a trouvé, avec l'allongement du conflit, une utilité vitale inattendue tant et si bien qu'il a connu un âge d'or. Alors que 66 millions de mandats sont émis en France en 1913, les chiffres s'envolent en 1916 avec 70,5 millions et près de 83 en 1918[305]. L'enracinement de la guerre, le versement des pensions et des soldes, la circulation d'un soutien financier entre arrière et front ont totalement noyé le service rendu aux guichets des bureaux de poste. Le mandat poste s'est avéré être le seul mode régulier de transmission de fonds, tant du pays vers les armées qu'inversement ; il aurait fallu lui donner un développement plus grand. Délivré gratuitement jusqu'à 50 F, les Français en ont profité. Mais une taxe modique pour des échanges de sommes supérieures aurait permis d'encore plus faciliter la dématérialisation de la circulation monétaire, celle-ci s'effectuant aussi, malgré son illégalité, par la mise sous enveloppe de billets de banque… La Poste comme acteur de la circulation monétaire fiduciaire, voilà la vision de Marty pour l'après-guerre.

Le second sujet a trait à la distinction complexe et contre-productive, désormais obsolète selon Marty, entre colis postaux et paquets-poste[306]. Les deux services connaissent en quelque sorte deux trajectoires distinctes pendant le conflit. Le trafic des paquets-poste a considérablement augmenté du fait des aménagements tarifaires quand celui des colis postaux a connu un reflux, subissant les conséquences de capacités de transport entravées. Véritable âge d'or du paquet-poste alors que l'administration rechignait à s'intéresser à cet objet, la Première Guerre mondiale marque l'étape initiale d'une arrivée de la Poste sur ce segment d'activité que deviendra cette messagerie postale. Après presque encore cinquante ans d'hésitations et de palabres, la prémonition de Marty se réalisera pleinement au tournant des années 1960-1970.

Enfin, à aucun moment dans son récit, le haut fonctionnaire ne tire exclusivement ni explicitement la couverture à lui. Il se vante simplement, à juste titre semble-t-il, d'avoir pu fédérer le meilleur des énergies des civils et des militaires pour mener à bien le dessein postal.

---

[305] Clémentel, É., *Rapport* […] *sur les mesures de réorganisation réalisées et préparées dans le service des Postes, des Télégraphes et des Téléphones* », *op. cit.*

[306] Marty, A.-A., *La Poste militaire en France*, *op. cit.*, p. 133.

Une carrière couronnée 161

C'est à travers des mots forts qu'il exprime d'ailleurs sa reconnaissance pour les sacrifices consentis par tous, lors d'un passage particulièrement vibrant :

> Un juste tribut d'éloges revient au personnel de la Poste militaire, formations de Poste et de Trésorerie et sections postales, pour le zèle soutenu et la haute conscience professionnelle dont il a fait preuve au cours de la guerre. Les chefs de service ont rivalisé d'ingéniosité pour tirer de l'organisation tous les bons effets dont elle était capable de mettre en valeur l'habileté et le dévouement de leurs collaborateurs à tous les degrés ; le personnel d'exécution s'est appliqué avec toute son intelligence et tout son cœur, à fournir un travail diligent et bien fait ; à l'avant, dans les situations les plus exposées, privé de tout confort, il a été admirable d'endurance, de courage et d'entrain. Du haut en bas de la hiérarchie, pendant toute la campagne, chacun n'a eu qu'un but : bien servir les armées et le pays. Que tous veuillent bien trouver ici le témoignage de haute satisfaction et l'expression de la vive reconnaissance de leur ancien chef technique. S'il a pu mener à bien la mission qu'il avait reçue, et qui restera l'honneur de sa carrière, c'est à leurs qualités professionnelles et à leurs efforts persévérants qu'il le doit[307].

Sans aucun égocentrisme, partageant avec ses subordonnés la gloire que l'aboutissement de la tâche lui confère, Marty aura marqué son époque autant qu'il aura, par la suite, pressenti un pan majeur de l'avenir postal.

III. La vision d'un avenir postal porté par l'automobile

La seconde de ses deux publications est plus modeste mais pas moins intéressante. Elle trouve place dans un article publié à nouveau dans le giron des *Annales des PTT*, grandes pourvoyeuses de culture postale dans la première moitié du XXe siècle. Cette contribution porte sur l'« amélioration et extension du service postal dans les campagnes par l'emploi rationnel de l'automobile. En une douzaine de pages[308], Marty théorise le rôle que doit tenir la Poste pour désenclaver des espaces ruraux et pour contribuer à la modernité du pays.

Parmi les enseignements postaux tirés du conflit

Le premier conflit mondial ouvre un moment intense d'innovations dans diverses couches de la société. Si les répercussions dans le domaine immédiat des techniques de la guerre sont bien connues avec l'introduction des chars et de l'aviation, l'univers postal connaît aussi un contexte de

---

[307] *Ibid.*, p. 129-130.
[308] Marty, A.-A., « Amélioration et extension du service postal… », *art. cit.*

bouillonnement. Une première influence se manifeste outre-Manche. Alors que la France lutte pour défendre son sol, les Anglais lancent les travaux d'un métro souterrain visant à accélérer, hors du trafic dans les rues surchargées de Londres, le transport des sacs remplis de lettres et paquets[309]. De plus, inspirée d'une machine fonctionnant déjà au *General Post Office* depuis 1913, la Poste française a mis en fonction, en novembre 1916, un ruban transporteur mécanique pour accélérer l'affranchissement du courrier à l'hôtel des Postes de Paris[310].

Enfin, l'entrée en guerre des États-Unis d'Amérique s'accompagne d'une nouvelle relation technique entre les Postes de chaque côté de l'Atlantique. Une délégation française de retour de mission restitue son voyage, lors d'une conférence faite à l'ENSPTT en août 1917. Elle témoigne de son profond ébahissement devant la très grande technicité du service postal US. Celle-ci déploie des équipements automatiques pour faire le tri : des wagons ambulants tout en acier, des machines à écrire. Elle permet aussi d'additionner aux guichets des bureaux et propose des engins électriques pour y ouvrir la correspondance d'arrivée[311].

Ainsi, on n'imagine mal Marty se tenir hors de ce contexte foisonnant. Haut fonctionnaire, patron de l'inspection générale technique de la Poste militaire, demeuré en contact avec ses collègues au sein du corps des inspecteurs généraux, il entend, voit, lit ce qui se dit et fait autour de la rénovation des transports en amorce. Elle se profile par les trois derniers moyens de transport inventés lors des vingt dernières années. Le métro, l'avion et l'automobile promettent de nouvelles dessertes, des horizons repoussés et des temps resserrés, autant de dimensions applicables prioritairement au service postal. Il n'est dès lors pas si inattendu de lire Marty sur le sujet de l'automobile. D'autant moins que, durant son mandat à la direction technique de la Poste aux armées, il a été déjà directement à lui. Sa première rencontre remonte à l'automne 1914, alors qu'il est le patron des PTT dans le camp retranché de Paris. Sur le modèle des taxis de la Marne transportant des renforts depuis Paris vers le champ de bataille les 6 et 7 septembre 1914, il a lui-même fait réquisitionner les rares véhicules postaux civils de la capitale à la fin de l'automne 1914 pour les envoyer vers les gares de ravitaillement : il s'est agi de transporter les sacs de dépêches qui y dorment, vers les cantonnements afin de désengorger les quais encombrés !

La seconde rencontre se place dans le courant de l'année 1915 lors d'un échange avec Louis Deshayes, le patron de la commission parlementaire

---

[309] *Annales des PTT*, 1916, p. 358-359.
[310] *Annales des PTT*, 1917, p. 161-162.
[311] *Ibid.*, p. 469-526 : compte rendu de la mission française « la Poste aux États-Unis », conférence faite à l'ENSPTT le 17 août 1917.

des PTT, lorsque Marty dévoile les futurs équipements de transport pour la Poste militaire :

> Le ministre de la Guerre a fait construire à l'intention spéciale du service des Postes, un nombre important de camions automobiles à répartir à raison de dix par armée au moins. L'affectation est faite au fur et à mesure des livraisons, en tenant compte de la situation spéciale à chaque armée. Aucune voiture automobile du nouveau modèle n'a encore été fournie, mais leur tour viendra à bref délai. Les nouvelles voitures paraissent appelées à rendre de réels services en cas d'organisation de transports sur les routes d'étapes[312].

Pour se défaire de la dépendance au rail, et pour être capable de répondre à une modification du front, Marty a fait commander un camion puissant pour le service normal et un camion semblable pour effectuer le transport du courrier de la veille, quand celui-ci n'a pu être remis aux vaguemestres. Ces camionnettes doivent servir au transport du courrier entre le bureau de payeur et les centres de rassemblement des vaguemestres, souvent distants de 8 à 10 km des unités de combat, ainsi qu'à assurer les liaisons avec les gares régulatrices.

Dans son article, Marty dresse un premier bilan sur la desserte des Français par les bureaux de poste : trop de communes sont à plus de 6 voire 10 km d'un établissement, un éloignement renforcé lorsqu'une voie de chemin de fer n'est pas proche. Pour l'inspecteur général, si la Poste n'est pas efficace dans le monde rural, cela tient à un manque : « […] le problème de l'amélioration de l'organisation postale dans nos campagnes est donc, avant tout, un problème d'extension des moyens de transport ». De plus, l'offre de service pour les colis postaux demeure étrangère à plus de 26 000 communes car non desservies par un courrier en voiture ou bien par une gare effectuant ce service. Ainsi, les services de transport sur route tout à fait insuffisants, ne répondent donc ni aux besoins d'un service postal bien compris ni aux nécessités économiques actuelles.

De même, il propose de changer les critères de création des bureaux de poste[313]. La prévision économique devrait désormais primer sur toutes les autres, le « business » dirait-on aujourd'hui, dont le bureau pourrait jouir. Au sein de ces aires à potentiel économique notoire, la Poste pourrait faire circuler son service automobile. Fluidifier l'acheminement des lettres, mais aussi servir de moyen de développement à la production agricole dans un périmètre géographique plus large, seraient deux atouts pour dynamiser l'activité dans les campagnes. Sur ce point, Marty est influencé par Deshayes et se nourrit du

---

[312] Louis Deshayes, « Rapport sur le fonctionnement de la Poste aux armées », *art. cit.*, p. 89.
[313] Marty, A.-A., « Amélioration et extension du service postal … », *art. cit.*, p. 779.

combat que mène le député depuis son élection en mai 1914. Il est favorable à une exploitation directe du colis postal par la Poste, dans une dimension de dynamisation économique des campagnes françaises qu'il faut sortir de l'isolement[314]. Durant la guerre, les deux hommes se sont fréquemment rencontrés, le député pilotant les travaux de la commission de l'Assemblée nationale, le postier lui servant de sherpa sur les divers terrains d'enquête. Il semble évident qu'ils se sont mutuellement enrichis, les engagements politiques de l'un se complétant de l'expertise technique de l'autre, et inversement.

Page-titre de l'article de Marty sur l'automobile postale dans les campagnes

Source : *Annales des PTT*, 1922

---

[314] Deshayes, L. « Le régime des colis postaux en France et à l'étranger », *Revue politique et parlementaire*, 1918, n° 281-283, p. 243-253.

Repenser la Poste dans les campagnes

Le mode de l'adjudication, auquel la Poste a déjà recours partout en France pour assurer la plupart du transport du courrier sur route, pourrait être élargi au transport de voyageurs, de marchandises et des dépêches. Mais l'idée originale développée par Marty est la collaboration des sphères privées et publiques pour réaliser ce dessein : « [...] l'État doit compter sur le concours des départements, des chambres de commerce, des villes et communes pour réaliser cette œuvre d'intérêt public qu'est l'organisation des réseaux départementaux d'automobiles ». Pensée fondatrice qui, à peine cinq ans plus tard, trouve sa concrétisation à travers les premiers essais de la Poste omnibus rurale (POR)[315].

Elle consistait en un autobus comportant une cabine postale protégée par un grillage et un emplacement avec une banquette réservée aux voyageurs qui effectuaient, dans les communes desservies, les opérations courantes de guichet. En ce sens, la POR se trouve davantage être l'ancêtre le plus direct des bureaux mobiles, qui vont se développer à la toute fin des années 1950, d'abord à la sortie des usines de la banlieue parisienne, puis sur les lieux de massification touristique[316].

Alors que la Poste et l'ensemble du ministère des PTT sortent totalement éreintés du conflit, accusant un déficit d'exploitation exceptionnel en 1919 d'un demi-milliard de francs[317], qu'une instabilité institutionnelle voit le jour entre statut de ministère de plein titre et sous-secrétariat de délégation, il est inenvisageable d'imaginer une telle réforme prendre corps dès les lendemains de la guerre. Il faut attendre le cœur des années 1920 alors que l'équilibre financier vient d'être rétabli et que les PTT reprennent leur place majeure sous les mandats resserrés du réformateur Louis Loucheur[318], pour voir la concrétisation des réflexions initiales.

Dès septembre 1926, ces premiers essais sur ce modèle de fonctionnement sont lancés en Corrèze sous le nom de « Poste omnibus rurale », suivie par d'autres dans le Jura et le Lot. Un second circuit est mis en service le 15 février 1927 dans le Jura à Lons-le-Saulnier. Le parcours est de 39 km avec un autobus Panhard de 15 CV fonctionnant au gazogène pouvant

---

[315] Richez, S., « Du service postal combiné : transport du courrier et des voyageurs par la Poste automobile rurale en France, 1926-1976 », *Les Cahiers de la FNARH*, janvier-mars 2008, n° 106, p. 159-167.

[316] *Id.*, « Le postier sympathique recourt à l'utilitaire », dans Flonneau, M., Passalacqua, A. (dir.), *Utilités de l'utilitaire*, Paris, Éditions Descartes & Cie, 2010, p. 95-108.

[317] « La suppression du sous-secrétariat des PTT », *Revue des téléphones, télégraphes et TSF*, n° 10, 1924, p. 327.

[318] Caris, S. D., *Louis Loucheur. Ingénieur, homme d'état, modernisateur de la France 1872-1931*, Villeneuve-d'Ascq, Presses Universitaires du Septentrion, 2000, 336 p.

transporter huit personnes et 300 kg de messagerie. Mais l'autobus prend feu dès la première nuit. D'autres essais vont être ensuite pratiqués dans le Jura et le Lot de manière différente et en portant désormais le nom de « Poste automobile rurale » : le 1er mai 1927 à Figeac dans le Lot, le 16 août 1927 à Salins à nouveau dans le Jura, dans le Lot le 1er mars 1928 à Souillac et le 1er décembre 1928 à Cahors, ou encore le 15 décembre 1928 à Clermont-l'Hérault. Devant le succès initial et la manifestation des intérêts locaux pour un système amélioré, le Parlement vote par la loi de Finances du 31 décembre 1928, en faveur d'une exploitation du service sur une plus large échelle nationale.

La POR en profite au passage pour changer de nom en devenant la « Poste automobile rurale » (PAR). Elle ajuste également la nature des services rendus : abandon de l'aménagement des véhicules en bureau de poste mobile, au profit d'un service de transport des personnes et de collecte de courses alimentaires. C'est le début de deux décennies de croissance, à peine interrompues par la Seconde Guerre mondiale, connues par ce programme de profond désenclavement de certains espaces ruraux. Il est placé sur de nouveaux rails au début des années 1930. Le rapport de Marty fut donc suivi d'effets.

Mariage de Raymond Marty en 1924, neveu de Marty, qui achèvera une brillante carrière aux PTT lui aussi comme inspecteur général (Marty, âgé de 62 ans, est à l'extrême gauche, second rang en partant du bas)

Source : archives familiales, Michel Roussel.

Épilogue

Marty, d'une guerre mondiale au-delà d'une autre

Le 20 septembre 1940, Marty décède à l'âge de 78 ans, à l'hôtel du Midi, au n° 1 de la rue Bréteille à Rodez, dans lequel il occupe une chambre avec son épouse.

On ignore les raisons précises motivant la présence du couple dans la capitale aveyronnaise. Plusieurs auraient pu pousser à le trouver là : une visite de la famille puisque la branche aînée descendant du frère, Ladislas, est implantée dans la ville depuis de longues années[319] ; de même, la visite à son vieil ami et ancien collaborateur, Alfred Lacroix, dont on suppute qu'il vit également là[320]. Mais surtout, Marty semble aussi en profiter pour y vivre une semi-convalescence, hors de Paris où la météo est sinistre et pesante à supporter dans son état de santé. L'homme est affaibli par une maladie qui ne tardera pas à l'emporter. Quoi qu'il en soit, villégiature ou pas, maladie ou pas, cette période de la vie du postier retraité apparaît plutôt tourmentée. Semble se manifester le tiraillement entre la nostalgie des succès d'antan qu'il a personnellement connus et les affres d'une nouvelle guerre avec l'Allemagne que la France a perdue avec l'Armistice de juin 1940, dont on devine que le moment a dû abattre Marty[321].

Ses obsèques ont lieu trois jours plus tard. Malgré l'existence d'une concession familiale à Conques, où sont notamment enterrés ses parents ainsi que son frère Albert depuis 1938, Marty est inhumé à Rodez. Là, s'y trouve un autre caveau familial installé sur une concession acquise en 1904 par un de ses frères, prénommé Ladislas[322], ancien directeur d'école dans la ville et décédé huit ans auparavant, en 1932. Les deux frères sont à nouveau réunis dans la tombe, comme par la suite, huit autres membres de la branche ruthénoise de la famille qui reposent dans le cimetière municipal. Une

---

[319] L'adresse funéraire, ou « maison mortuaire » comme indiqué sur le faire-part des obsèques, est en fait l'adresse de la maison sise au 8 boulevard François Fabié, où logeaient, encore en 1940, (décédé alors) la veuve de Ladislas et sa fille Madeleine.

[320] Archives familiales, Michel Roussel.

[321] Lacroix, A., « Allocution prononcée le 23 décembre 1940 aux obsèques de l'inspecteur général des PTT retraité, Marty… », archives familiales, Michel Roussel.

[322] Archives municipales de Rodez, « Registre des concessions funéraires », document du 15 septembre 2015.

légende familiale, dont on a autorisé l'évocation ici, expliquerait les raisons de ce surprenant enterrement à Rodez et pas à Conques[323]. Il semble que Marty s'adonnait aux sciences ésotériques et pouvait être influencé jusqu'à se laisser aller à des réactions insoupçonnées : ainsi, un « esprit » lui aurait conseillé un jour de se faire enterrer auprès de son frère.

Faire-part des obsèques de Marty, septembre 1940

Madame Augustin MARTY, *sa veuve* ;
Madame et Monsieur Georges MARTY, *ses enfants* ;
Mesdemoiselles Monique et Danièle MARTY, *ses petiites-filles* ;
Monsieur Célestin MARTY et ses enfants ;
Madame Ladislas MARTY et ses enfants ;
Madame Casimir MARTY et ses enfants ;
Les familles MARTY, CERYES et BEX,
Vous prient de vouloir bien assister aux Obsèques de

Monsieur Augustin MARTY

Inspecteur Général des P. T. T. en retraite
Commandeur de la Légion d'Honneur
Croix de Guerre
décédé à l'âge de 78 ans

qui auront lieu le Lundi 23 Septembre, à 14 heures, en l'église Saint-Amans.

On se réunira à la maison mortuaire :
8, Boulevard François-Fabié.

AUTOBUS A LA SORTIE DU CIMETIERE

Il ne sera pas envoyé de convocation particulière.

L'Union Catholique, S. à r. l. — Rodez

Source : archives familiales, Michel Roussel.

---

[323] Anecdote évoquée par Daniel Marty, suite à une discussion avec son frère Michel Marty, 6 novembre 2015.

Épilogue

C'est son ancien bras droit, Alfred Lacroix, qui accompagne Marty vers sa dernière demeure le 23 septembre 1940. Il prononce pour l'occasion une vibrante oraison funèbre. Celle-ci fait état du caractère de l'homme, de sa carrière, de son aura passée, de la reconnaissance par ses pairs et par les autorités politiques de l'époque pour son œuvre. Accablé par le chagrin d'avoir perdu « un ami, un chef et un homme apprécié », Lacroix conclut avec empathie sur les derniers jours d'un homme désabusé et affaibli. Quelques jours plus tard, *Le Journal de L'Aveyron* n'omet pas de signaler, sans excès ni force détail, le décès de cette figure départementale : « Augustin Marty, 78 ans, inspecteur général des PTT, en retraite, ancien inspecteur général des Postes militaires, époux de Francine Bonamy, 1 rue Béteille[324] ».

Aucune notice nécrologique détaillée ni de commentaire sur le rôle de Marty pendant la Première Guerre mondiale n'ont pu être retrouvés dans la presse le jour même ou ceux suivant immédiatement son décès. Celui-ci survient alors que le pays perd la bataille de France face à l'avancée de l'armée allemande et que la nation subit l'envahissement de son territoire. Comptant jadis parmi les vainqueurs de 1918, Marty n'aura pas le déshonneur de connaître cette ère de soumission à l'Allemagne. D'ailleurs, sur le plan technique, il aura alors pu à peine voir à nouveau fonctionner, ou simplement entendre parler, de la Poste militaire. L'armée française la réinstaure en septembre 1939, dès la déclaration de guerre. La réactivation s'opère quasiment sous la forme modernisée vingt-cinq ans auparavant[325], par les soins du désormais renommé inspecteur général, Marty, dont Lacroix souligne que le « nom [est] synonyme de labeur acharné, d'esprit d'organisation, de droiture, d'intégrité, et d'un attachement au devoir poussé jusqu'au degré le plus haut[326] ».

Fort des qualités énoncées, ce patronyme peut-il être aussi, à la lumière de la contribution de cet homme à la victoire, synonyme de « héros » ? Dans un champ historiographique contemporain qui a largement taillé en pièces le processus d'héroïsation[327], notamment lié à une déconsidération de la pratique biographique, on peut s'interroger sur les contours du personnage de Marty. S'il n'est pas un entrepreneur à succès qui fonde

---

[324] *Le Journal de L'Aveyron*, 29 septembre 1940, p. 2.
[325] Sinais, B., *Le service postal militaire français pendant la guerre de 1914-1918*, *op. cit.*, p. 211 : la Poste aux armées connaît sa dernière grande amélioration en mai-juin 1940 avec l'adoption du secteur postal à cinq chiffres, qui constituait désormais l'adresse postale complète des militaires mobilisés.
[326] Lacroix, A., « Allocution prononcée le 23 décembre 1940... », *op. cit.*
[327] Griset, P., « Trajectoires individuelles et transition informationnelle : une Europe innovante peut-elle se passer de héros ? », dans Bouvier, Y., Laborie, L. (dir.), *L'Europe en transitions. Énergie, mobilité, communication, XVIIIe-XXIe siècles*, Paris, Nouveau Monde, coll. « Histoire nouvelle de l'Europe », 2016.

une marque pérenne, ni même un capitaine d'industrie qui reconfigure le management et le périmètre de son marché économique, Marty est cependant un technicien méticuleux qui innove, un visionnaire dans son domaine, doublé d'un communicant. Il sait utiliser un moyen de promotion, à savoir des éditions scientifiques, pour faire connaître sa pensée. Se dessinent ainsi des caractéristiques ambivalentes dans le cadre de l'éventuelle construction d'une figure du héros.

Soulignons que dans le cadre spécifique de la Poste, une très large partie de l'histoire hagiographique a longtemps reposé sur le récit des exploits des pilotes de la compagnie générale aéropostale, connue sous le terme générique d'« Aéropostale »[328]. Antoine de Saint-Exupéry, Jean Mermoz ou Henri Guillaumet, comptant parmi les plus fameux, ont incarné cette odyssée qu'était alors l'acheminement du courrier au-delà des frontières hexagonales. Tous contemporains de Marty, ces hommes, aviateurs dans une compagnie privée qui avait passé un marché de transport aérien avec l'administration des Postes, se sont intégralement fondus dans un décor postal si hétérogène. Celui-ci est alors fait de transport routier et ferroviaire, de facteurs et de bureaux de poste des villes et des campagnes, de services financiers et de vente de timbres. Ces hommes avaient été perçus comme incarnant l'aboutissement glorieux d'une immense chaîne d'acheminement[329].

Si leur célébrité a par la suite très largement rejailli sur l'ensemble de l'institution postale, cette dernière vient aussi de découvrir, à travers le personnage de Marty, une nouvelle figure tutélaire tout aussi légitime.

---

[328] Bure, G. de, *Les secrets de l'Aéropostale. Les années Bouilloux-Lafont 1926-1944*, Toulouse, Privat, 2007.
[329] Piouffre, G., *Le courrier doit passer. L'aventure de l'Aéropostale*, Paris, Larousse, 2009.

A propos du timbre-poste Augustin-Alphonse Marty (1862-1940)

À la fin de l'année 2015, la décision est prise d'engager un processus pour l'émission d'un timbre. Celui-ci doit symboliser l'hommage rendu par La Poste à Augustin-Alphonse Marty.

Rapidement accepté par la commission philatélique, le timbre voit sa création artistique confiée à André Lavergne, d'origine aveyronnaise tout comme Marty. Il est gravé selon le procédé de la taille-douce.

L'artiste a parfaitement su rendre l'incarnation du personnage, au cœur de la vignette, tel le lien entre les Français au front et ceux à l'arrière. Les soldats sont évoqués, à droite, par l'image d'un poilu en train de lire un pli ; les familles sont représentées, à gauche, par une mère et sa fille écrivant au mari et au père sur la ligne de front, via une carte-lettre.

Celle-ci laisse lisiblement apparaître le secteur postal, fondement de la réforme de Marty.

Ce timbre, empreint d'humanité, traduit le caractère vital du courrier pour la cohésion nationale pendant la Première Guerre mondiale, autant d'échanges que le postier Marty a permis de fluidifier.

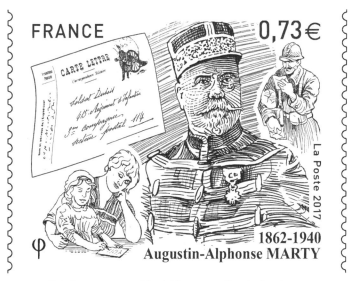

Création et gravure d'André Lavergne, d'après des photos du musée de La Poste et de Michel Roussel

Bibliographie

Méthodologie

Bourdieu, P., « L'illusion biographique », *Actes de la recherche en sciences sociales*, vol. 62, n° 1, 1986, p. 69-72.

Braudel, F., *Écrits sur l'histoire*, Paris, Flammarion, 1969, 315 p.

Corbin, A., *Le monde retrouvé de Louis-François Pinagot. Sur les traces d'un inconnu, 1798-1876*, Paris, Flammarion, 1998, 336 p.

Dosse, F., *Le pari biographique. Écrire une vie*, Paris, La Découverte, 2005, 480 p.

Groethuysen, B., *Mythes et Portraits, La vie de Goethe*, Paris, Gallimard, 1947, 205 p.

Sauget, S., « Pierre Bournel, "mort pour la France". Questions sur la place de l'honneur dans la République », *Vingtième siècle. Revue d'histoire*, n° 131, juillet-septembre 2016, p. 165-186.

Contextes et représentations

Albert, P. (dir.), *Correspondre, jadis et naguère, Actes du 120ᵉ congrès du CTHS à Aix-en-Provence*, Paris, Éditions du CTHS, 1997, 741 p.

Audoin-Rouzeau, S., « Les cultures de guerre », dans Pellistrandi, B., Sirinelli, J.-F. (dir.), *L'histoire culturelle en France et en Espagne*, Madrid, Casa Velasquez, 2008, p. 289-299.

Bouchène, A., Peyrouloux, J.-P., Tengour, O. S., Thénault, S., *Histoire de l'Algérie à la période coloniale*, Paris, La Découverte, 2014, 720 p.

Charle, C., Lalouette, J., Pigenet, M., Sohn, A.M. (dir.), *La France démocratique (combats, mentalités, symboles), Mélanges offerts à Maurice Agulhon*, Paris, Publications de la Sorbonne, 1998, 491 p.

Corbin, A., *Archaïsme et modernité en Limousin au XIXᵉ siècle 1845-1880*, Paris, Marcel Rivière, 1975, 2 vol., 1167 p.

Courteline, G., *Messieurs les ronds-de-cuir. Tableau-roman de la vie de bureau*, Paris, Flammarion, 1993, 262 p. (réed.)

Crozes, D., Magne, D., *Les Aveyronnais, l'esprit des conquérants*, Rodez, Éditions du Rouergue, 1993, 260 p.

Désert, G., *La vie quotidienne sur les plages normandes du Second Empire aux Années folles*, Paris, Hachette, 1983, 334 p.

Diethelm, M.-B., « Voyager avec Balzac. La route en France au début du XIXe siècle », *L'Année balzacienne*, n° 6, 2005, p. 201-240.

Fayol, H., *L'incapacité industrielle de l'État : les PTT*, Paris, Dunod, 1921, 118 p.

Gomez, M., *Ahmed Rafa, le premier général franco-algérien de l'armée française*, Spa, Page à Page, 2007, 162 p.

Griset, P., « Trajectoires individuelles et transition informationnelle : une Europe innovante peut-elle se passer de héros ? », dans Bouvier, Y., Laborie, L. (dir.), *L'Europe en transitions. Énergie, mobilité, communication, XVIIIe-XXIe siècles*, Paris, Nouveau Monde, coll. « Histoire nouvelle de l'Europe », 2016, 336 p.

Halpérin, V., *Raoul Dautry. Du rail à l'atome*, Paris, Fayard, 1997, 312 p.

Hanna, M., « A Republic of Letters: The Epistolary Tradition in France during the World War I », *American Historical Review*, vol. 108, n° 5, 2003, p. 1338-1361.

Le Goff, J., « L'attente dans le christianisme : le Purgatoire », *Communications*, n° 1, vol. 70, 2000, p. 295-301.

Lorties, P., *La Vie et la mort de Georges Pitard*, Strasbourg, Les Amis de Georges Pitard, 1951, 96 p.

Mayeur, F., *Histoire générale de l'enseignement et de l'éducation en France*, t. III, *De la Révolution à l'École républicaine, 1789-1930*, Paris, Perrin, 2004, 783 p.

Migeot, M., *Didier Daurat*, Paris, Flammarion, 2014, 218 p.

Miquel, P., *Compagnons de la Libération*, Paris, Denoël, 1995, 345 p.

Nora, P., *Les lieux de mémoire*, Paris, Gallimard, coll. « Bibliothèque illustrée des histoires », 3 tomes : t. I, *La République*,1984, 1 vol. ; t. II, *La Nation*, 1986, 3 vol. ; t. III, *Les France*, 1992, 3 vol.

Ozouf, M., *Varennes : la mort de la royauté, 21 juin 1791*, Paris, Gallimard, 2005.

Poincaré, R., *Au service de la France. Neuf années de souvenirs*, t. V, *L'invasion, 1914*, Paris, Plon, 1929.

Sirinelli, J.-F. (dir.), *La France de 1914 à nos jours*, Paris, PUF, 2004, 544 p.

Tulard, J. (dir.), *Dictionnaire Napoléon*, Paris, Fayard, 1999, t. II.

Histoire de la période 1914-1918

Audoin-Rouzeau, S., *À travers leurs journaux : 14-18, les combattants des tranchées*, Paris, Armand Colin, 1986, 223 p.

Audoin-Rouzeau, S., Becker, A., *La Grande Guerre, 1914-1918*, Paris, Gallimard, 1998, 159 p.

Audoin-Rouzeau, S., Becker, A., *Retrouver la guerre*, Paris, Gallimard, 2000, 398 p.

Boissan, Y.-T. (préf.), *La tour Eiffel dans la Grande Guerre. Souvenirs d'un sapeur-télégraphiste*, Paris, Union nationales des Transmissions, Bernard Giovanangeli, 2016, 159 p.

Crosnier, E., *Permissionnaires dans la Grande Guerre*, Paris, Belin, 2013, 350 p.

Fridenson, P., Becker, J.-J., Berstein, S. (dir.), *1914-1918 : l'autre front*, Paris, Éditions Ouvrières, coll. « Les Cahiers du Mouvement social » (2), 1977, p. 7-10.

Goya, M., *La chair et l'acier. L'invention de la guerre moderne (1914-1918)*, Paris, Tallandier, 2004, 480 p.

Jeanneney, J.-N., « Les archives des commissions de contrôle postal aux armées (1916-1918). Une source précieuse pour l'histoire contemporaine de l'opinion et des mentalités », *Revue d'histoire moderne et contemporaine*, XV, n° 1, 1968, p. 209-233.

Le Naour, J.-Y., *1914 : la grande illusion*, Paris, Perrin, 2016, 480 p.

Meyer, J., *La vie quotidienne des soldats pendant la Grande Guerre*, Paris, Hachette, 1966, 373 p.

Pédroncini, G. (dir.), *Histoire militaire de la France*, vol. 3, *1871 à 1940*, Paris, PUF, 1992, 522 p.

Pourcher, Y., *Les Jours de guerre. La vie des Français au jour le jour entre 1914 et 1918*, Paris, Hachette, coll. « Pluriel », 1995, 546 p.

Prochasson, C., Rasmussen, A. (dir.), *Vrai et faux dans la Grande Guerre*, Paris, La Découverte, 2004, 356 p.

Tacquet, M. et S., *Avoir 20 ans pendant la Grande Guerre. Carnets intimes 1914-1918*, Abbeville-Cayeux-sur-Mer, La Vague Verte, 2010, 303 p.

Histoire de la Poste, des PTT

Histoire générale

Bourquard J.-M., Demorieux, M., Pizzato, F., *Si Paris RP m'était conté*, Paris, Comité pour l'histoire de La Poste, 2008.

Bure, G. de, *Les secrets de l'Aéropostale. Les années Bouilloux-Lafont 1926-1944*, Toulouse, Privat, 2007, 400 p.

Caris, S. D., *Louis Loucheur. Ingénieur, homme d'état, modernisateur de la France 1872-1931*, Villeneuve-d'Ascq, Presses Universitaires du Septentrion, 2000, 336 p.

Cermak, A.-L., Le Briand, E., *Le Réseau avant l'heure : la Poste pneumatique à Paris (1866-1984)*, Paris, Comité pour l'Histoire de La Poste, coll. « Cahiers pour l'histoire de La Poste » (6), 2006, 210 p.

Chevandier, C., *La fabrique d'une génération. Georges Valéro, postier, militant et écrivain*, Paris, Les Belles Lettres, 2009, 434 p.

Chevandier, C., Henrisey, C., « Les écrivains des PTT de Georges Valero à Maxime Vivas », dans Béroud, S., Regin, T., *Le roman social*, Paris, Institut d'histoire sociale de la CGT-Éditions de l'Atelier, 2002, 288 p.

Clauvaud, G., « L'inspection générale des Postes et Télécommunications », *Revue des PTT de France*, n° 1, 1978, p. 4-5.

Collectif, *Le patrimoine de la Poste*, Charenton-Le-Pont, Flohic, 1996, 480 p.

Collectif, *Eugène Vaillé (1875-1959). Historien de la Poste, conservateur du Musée postal*, Paris, Société des Amis du musée de La Poste, coll. « Les Dossiers de Relais » (107), 2009, 60 p.

Denizeau, G., *Palais Idéal du facteur Cheval. Le Palais Idéal – Le tombeau – Les écrits*, Paris, Nouvelles Éditions Scala, 2011, 191 p.

Duran, J., Plagnes, R., *L'époque héroïque des bureaux de poste ambulants, des origines à 1914*, Anduze, Comité d'entraide du personnel de la ligne Ouest, 1983, 235 p.

Guillet, F., *École nationale supérieure des PTT. Histoire de la naissance et de la formation d'un corps de l'État, 1888-1988*, Paris, Éditions Hervas, 1988, 149 p.

Hoock-Demarle, M.-C., *L'Europe des lettres. Réseaux épistolaires et construction de l'espace européen*, Paris, Albin Michel, 2008, 416 p.

Laborie, L., Richez, S. (dir.), *Les objets de nos pensées. Première histoire de la messagerie postale, XIXe-XXe siècles*, Bruxelles, P.I.E. Peter Lang (à paraître).

Le Roux, M., *Histoire de la Poste. De l'administration à l'entreprise*, Paris, Éditions de la rue d'Ulm, 2002, 184 p.

Le Roux, M., Oger, B., « Aux origines du budget annexe des PTT », dans *La direction du Budget entre doctrines et réalités, 1919-1944*, Paris, Comité d'histoire économique et financière de la France, 2001, p. 129-137.

Le Roux, M., Richez, S., *Brève histoire de la Poste en France depuis 1945*, Bruxelles, P.I.E. Peter Lang, 2016, 142 p.

Manach, J., Vignau, A., *Une vie de receveur*, Paris, Comité pour l'Histoire de La Poste, 1999, 210 p.

Pérardel, C., « Le poste Marty 1910 », *Les Cahiers de la FNARH*, n° 133, janvier 2017, p. 33-52.

Piouffre, G., *Le courrier doit passer. L'aventure de l'Aéropostale*, Paris, Larousse, 2009, 283 p.

Rasle, J., *Écrivains et artistes postiers du monde*, Paris, Cercle d'art, 1997, 184 p.

Rautureau, B. (préf.), *Écrivains de la société littéraire des PTT. Anthologie*, Paris, Société littéraire des PTT, 1995, 349 p.

Richez, S., « Un aperçu de l'évolution du trafic postal dans l'Orne entre 1847 et 1921 », *Annales de Normandie*, n° 2, mars 2003, p. 129-145.

Richez, S., « Le facteur rural des Postes en France avant 1914 : un nouveau médiateur au travail », *Le Mouvement social*, n° 218, janvier-mars 2007, p. 29-44.

Richez, S., « Le service postal dominical en France et en Europe : une vision différente du rôle des Postes, de la première moitié du XIXe siècle aux années 1920 », dans Le Roux, M. (dir.), *Postes d'Europe, XVIIIe-XXIe siècle. Jalons d'une histoire comparée*, Paris, Comité pour l'histoire de La Poste, 2007, p. 319-330.

Richez, S., « Du service postal combiné : transport du courrier et des voyageurs par la Poste automobile rurale en France, 1926-1976 », *Les Cahiers de la FNARH*, janvier-mars 2008, n° 106, p. 159-167.

Richez, S., « Le postier sympathique recourt à l'utilitaire », p. 95-108, dans Flonneau, M., Passalacqua, A. (dir.), *Utilités de l'utilitaire*, Paris, Éditions Descartes & Cie, 2010, 174 p.

Thiveaud, J.-M. (dir.), *Histoire des services financiers de la Poste*, Paris, Sogepost, 1989, 124 p.

Verdier, N., *De l'égalité territoriale à la loi sociale. Un député obstiné, Alexandre Glais-Bizoin 1800-1877*, Paris, Comité pour l'histoire de La Poste, 2003, 214 p.

Vivas, M., *Paris-Brune* (roman), Paris, Le Temps des Cerises, 1997, 226 p.

Histoire de la Poste militaire

Albaret, L., *La Poste pendant la Première Guerre mondiale*, Paris, Yvert et Tellier, 2016, 139 p.

Allaz, C., « La guerre de 1914-1918 : détonateur de la Poste aérienne militaire, initiatrice de la poste aérienne civile des années 1920 », *Pour mémoire, Revue des ministères de l'Environnement, de l'Énergie et de la Mer, du Logement et de l'Habitat durable*, n° hors-série, hiver 2015-2016, p. 107-110.

Bette, P., Le Ber, A., Schepens, N., Richez, S., Thierry, B., *Les Postes dans la guerre 1914-1918*, Paris, Comité pour l'histoire de La Poste, coll. « Cahiers pour l'histoire de La Poste » (17), 2014, 156 p.

Deloste, C., *Histoire postale et militaire de la Première Guerre mondiale : postes militaires françaises alliées et ennemies sur le front français (secteurs postaux, marques de censure et de franchise, camp de prisonniers et d'internés)*, Bischwiller, Éditions de l'Échangiste universel, 1968, 162 p.

Delpard, R., *Courrier de guerre : La Poste aux armées 1914-1918*, Paris, L'Archipel, 2014, 190 p.

Ferrier, M. (préf.), *La Poste aux armées : textes, documents, souvenirs et témoignages*, Paris, Sun, Amicale de la Poste aux armées, 1975, 445 p.

Le Ber, A., « La Poste aux armées, de l'arrière au front, pendant la Grande Guerre, maîtrise d'histoire », université Paris 10 Nanterre, avec le concours du comité pour l'histoire de La Poste, 2002, 139 p.

Le Ber, A., Schepens, N., *Le rôle de la Poste au cours de la Première Guerre mondiale*, Paris, Comité pour l'histoire de La Poste, coll. « Cahiers pour l'histoire de La Poste » (3), 2004, 173 p.

Rigol, G., « La Poste pendant la guerre de 1914-1918 », *Revue des PTT de France*, 20e année, n° 3, mai-juin 1965, p. 30-34.

Sinais, B., *Le service postal militaire français pendant la guerre de 1914-1918*, Paris, Direction de la Poste aux Armées, 1975, 214 p.

Les correspondances dans la guerre de 1914-1918

Anton, S., « Les lettres du "poilu" Louis Destouches », *Épistolaire*, n° 42, 2016.

Allorant, P., Résal, J., *Femmes sur le pied de guerre – Chronique d'une famille bourgeoise 1914-1918*, Paris, Les Presses Universitaires du Septentrion, 2014, 467 p.

Barbusse, H., *Lettres d'Henri Barbusse à sa femme 1914-1917*, Paris, Flammarion, 1937, 375 p.

Bernard, M. (préf.), *Correspondance Maurice Genevoix et Paul Dupuy, 28 août 1914-30 avril 1915*, Paris, La Table Ronde, 2013, 336 p.

Boulet, L., *Vienne la nuit, sonne l'heure*, Canet-en-Roussillon, La Mandorle, 2012, 214 p.

Brancy, P.-Y., *Romain Rolland – Stefan Zweig Correspondance 1910-1919*, Paris, Albin Michel, 2014, t. I, 600 p.

Campa, L. (éd.), *Je pense à toi mon Lou. Poèmes et lettres d'Apollinaire à Lou*, Paris, Textuel, 2007, 216 p.

Campa, L. (éd.), *Louis Kremer, Lettres à Henry Charpentier (1914-1918). D'encre de fer et de feu*, Paris, La Table Ronde, 2008, 271 p.

Cazals, R. (préf.), *Saleté de guerre ! Correspondance 1915-1916 de Marie-Louise et Jules Puech*, Maisons-Laffitte, Éditions Ampelos, 2015, 572 p.

Chémery, F., *Alphonse et Marguerite. Un amour épistolaire dans la tourmente de la Grande Guerre*, Paris, Courrier du Livre, 2014, 431 p.

Collectif, *Lieutenant dans les tranchées à 19 ans, Henri Sentilhes, lettres à ses parents 1915-1916*, Rouen, Point de Vues, 2013, 300 p.

Duhamel, A. (préf.), *Georges et Blanche Duhamel. Correspondance de guerre 1914-1919*, Paris, Honoré Champion, 2007, t. I, 1419 p.

Delaurenti, B., « Dire et vivre l'attente (1914-1915) », *Sigila*, n° 37, 2016, p. 119-127.

Delaurenti, B., *Lettres de Marinette 1914-1915*, Paris, Éditions Orizons, 2017, 260 p.

Guéno, J.-P., Laplume, Y., *Paroles de poilus. Lettres et carnets du front (1914-1918)*, Paris, Éditions 84, 2013, 189 p. (rééd.).

Mariot, N., *Histoire d'un sacrifice. Robert, Alice et la guerre*, Paris, Seuil, 2017, 434 p.

Nicot, J., *Les Poilus ont la parole – Dans les tranchées, lettres du front 1917-1918*, Bruxelles, Éditions Complexe, 1998, 592 p.

Sabiani, J., *Correspondance de guerre et témoignages. L'été de Charles Péguy*, Paris, Amitié Charles Péguy, 2014, 388 p.

Saint-Bastien, J.-F., *S'écrire pendant la Grand Guerre. Lettres et colis des tranchées*, Saint-Avertin, Éditions Sutton, coll. « Mémoire en Images », 2013, 199 p.

Secrétan, T., *1914-1918, Le temps de nous aimer*, Paris, La Martinière, 2012, 332 p.

Vidal-Naquet, C., *Correspondances conjugales 1914-1918, Dans l'intimité de la Grande Guerre*, Paris, Robert Laffont, 2014, 1088 p.

Sources

Archives manuscrites

Plusieurs fonds d'archives ont été explorés pour mener à bien la reconstitution du travail de Marty.

Le premier site est celui du service historique de la Défense (SHD), à Vincennes, où sont notamment disponibles les documents de l'état-major, ceux du grand quartier général et de sa direction de l'Arrière dans leurs relations avec le ministère de la Guerre, y compris des documents faisant état du fonctionnement de l'inspection technique générale de la Poste militaire.

5N93 : armée française : organisation, mouvements et constitution d'unités, stationnement des troupes, fournitures (équipement, armement, chevaux), ravitaillement, poste aux armées, santé transports, opérations militaires, missions, août 1914-juillet 1915
5N94 : *idem*, juillet-novembre 1915
5N95 : *idem*, novembre 1915-juillet 1916
5N96 : *idem*, août 1916-juin 1917
5N97 : *idem*, juillet 1917-mars 1918

7N2022 : documents de principes et rapports concernant les transports et le ravitaillement : notes et instructions ministérielles concernant le service postal en temps de guerre à l'intérieur du territoire
7N2073-2074 : service postal/organisation, personnel, fonctionnement, amélioration au début de la mobilisation, gares de rassemblement, bureaux-frontières, franchise postale et envoi de colis gratuits : service postal des armées alliées et ennemis
7N2075-2076 : service postal/documents de principe, circulaires et instructions du GQG, fonctionnement du bureau central postal militaire, rapports de vérification des dépôts de corps de troupe ; franchises postales après la démobilisation

16N2698-2699 : correspondance expédiée par le service postal
16N2700 : personnel, documents de principe, correspondance diverse relative au personnel du Trésor et des Postes

16N2701 : historique du service postal, notes et instructions relatives à l'organisation du service en temps de guerre, répertoire méthodique des principaux documents classés ; notes instructions et renseignements ; inspection du service postal, commissions de contrôle postal, statistiques, retard systématique et poste-restante, organisations du service postal dans les gares régulatrices

16N2702 : organisation et fonctionnement : correspondance générale

16N2703-2704 : envoi aux armées des colis postaux ; matériel, voitures, sacs, cartes postales, instructions aux commissions des correspondances

16N2705-2706 : commissions de contrôle postal, comptes rendus hebdomadaires 1915-1917

16N2707 : trains de ravitaillement postal, trains de rocade, vaguemestres, réclamations, divers.

16N2708-2715 : secteurs postaux

Le second site est celui des archives départementales du Bas-Rhin, à Strasbourg. Là-bas reposent les fonds du commissariat à la réintégration de l'Alsace-Lorraine dans la République où Marty a œuvré quelques mois après la Première Guerre mondiale.

121 AL 199 : correspondance administrative… (1918-1922)

121 AL 215 : documents généraux, statistiques et états (1919-1923)

121 AL 1144 : organisation et fonctionnement des services postaux en Alsace-Lorraine… (1918-1925)

121 AL 1145 : personnel des divers services postaux, affaires générales… (1919-1925)

121 AL 1146 : traitements et statuts (1919-1925)

121 AL 1147 : affaires individuelles : nominations, mutations, réintégrations, retraites, indemnités (1919-1925)

121 AL 1149 : service de l'exploitation postale (1918-1925)

121 AL 568 : correspondance générale (1919-1925)

D'autres, seulement complémentaires et ayant trait aux dossiers et affaires de personnel des protagonistes de cette histoire, ont été mis à contribution :

- Le centre des archives du personnel militaire (CAPM) à Pau : extrait de l'ordre général n° 13368 D, citation à l'ordre de la croix de guerre ;
- Les Archives nationales sur le site de Pierrefitte-sur-Seine et notamment la série F90 dédiée aux PTT ; F90 20988 : LACROIX

Alfred Léon, 20/02/1866 ; F90 20529 : TROMEUR Jean, né le 18/10/1864 ;
- La base LEONORE de la Légion d'honneur : dossier LH/1770/41 ; dossier 19800035/732/83179 ;
- Le centre de documentation de la société d'histoire des Postes et Télécommunications en Alsace ou a été retrouvé le premier dossier documentaire bâti sur Marty il y a plusieurs décennies, à partir d'une copie de sa feuille de carrière ;
- Les archives municipales dans les mairies de Conques et Rodez (Aveyron) concernant les détails de l'état civil.

Enfin, les archives privées de plusieurs descendants et membres de la famille Marty recelant divers documents comme des arbres généalogiques, un fonds de vingt-trois lettres écrites par Marty et des photos d'époque identifiant notre personnage, ont été gracieusement mises à disposition.

Archives imprimées

La presse tient une place fondamentale dans ce travail, telle un squelette qui autorise la remise en ordre des événements entourant ou concernant directement Marty. Parmi les titres consultés, on en trouve de diverses envergures, comme les plus célèbres *L'Illustration*, *Le Matin*, *Gil Blas*, *Le Petit Parisien*, *Paris-Midi*, *Le Temps*, *La Lanterne*, *L'Éclair*, *La République*, ou de moindre audience comme *Le Rappel*, *L'Ouest Éclair*, et *Le Journal de L'Aveyron*.

Le *Journal des débats politiques et littéraires*, *Lecture pour tous* et *Les Cahiers de la guerre. Pourquoi nous serons vainqueurs* font partie des périodiques que le grand public était amené à lire.

Les lois et décrets ainsi que les débats parlementaires insérés dans le *Journal officiel de la République française* ont permis de dresser un cadre législatif à cette reconstitution.

La presse corporative, associative ou syndicale des PTT a constitué une ressource utile : *Le Réveil postal*, *La France postale*, *Le Cri postal*, *PTT. Organe officiel du syndicat national des agents des PTT (France & colonies)*.

Parmi les ressources internes à l'administration civile des PTT, on retrouve le *Bulletin mensuel des Postes et Télégraphes*, qui compulse l'ensemble des textes réglementaires, ainsi que les revues techniques des *Annales des PTT* et celle des *Télégraphes, Téléphones et TSF*.

Les deux publications de Marty ont évidemment donné l'occasion de connaître sa pensée réformatrice :

- *La Poste militaire en France (campagne 1914-1919)*, Paris, Eyrolles, 1922, 138 p.
- « Amélioration et extension du service postal dans les campagnes par l'emploi rationnel de l'automobile », *Annales des PTT*, n° 4, juillet-août 1922, p. 778-791.

D'autres publications complémentaires et disparates qu'il faut mentionner spécifiquement ici, viennent nourrir la recherche en informations contextuelles précieuses.

BnF, « La Poste aux armées. Pourquoi ceux du front recevaient nos lettres avec deux semaines de retard. – Comment ils les reçoivent maintenant en moins de trois jours », dans *Pourquoi nous serons vainqueurs*, Paris, Éditions Delandre, coll. « Les Cahiers de la guerre » (18), 1914.

Capus, A., *Le personnel féminin des PTT pendant la Guerre*, Paris, Imprimerie nationale, 1915, 14 p.

Deshayes, L., « Rapport sur le fonctionnement de la Poste aux armées », *Chambre des députés*, n° 1017, juin 1915, p. 82.

Deshayes, L. « Le régime des colis postaux en France et à l'étranger », *Revue politique et parlementaire*, 1918, n° 281-283, p. 243-253.

Vismes, H. de, *Histoire authentique et touchante des marraines et des filleuls de guerre*, Paris, Perrin, 1918, 298 p.

Histoire de la Poste et des communications. Échanges et territoires
Une collection à la croisée des chemins

Pourquoi créer une collection d'histoire dédiée aux postes, aux communications, aux échanges et aux territoires ? Disons le tout net, car cela n'existe ni en France ni dans aucun autre pays européen.

Pourtant, les échanges dans leur acception la plus large et la mieux partagée sont inhérents aux sociétés européennes et, depuis de nombreux siècles déjà, les postes sous leurs différentes formes en ont souvent été l'un des agents majeurs.

Il était d'autant plus étonnant que ce champ soit resté à l'écart, compte tenu de l'évolution des relations entre les publics de plus en plus éclairés et les sciences humaines et sociales. C'est pourquoi Daniel Roche, alors Professeur au Collège de France, notait en 1998 que le Comité pour l'histoire de La Poste (créé à Paris en 1995) était une chance pour la communauté académique car il permettait « d'évaluer loyalement » ses besoins tout comme ceux de l'entreprise ainsi que ceux de la société au sein de laquelle La Poste évoluait.

En créant ce comité, on peut se demander si les forces en action ne répondaient pas à une demande de légitimation notamment parce que l'administration, devenue entreprise, vivait un moment clef de son évolution. Dans les années 1990, sous la pression de l'Union européenne, les entreprises publiques, notamment celles en réseaux, durent imaginer leur futur dans un espace concurrentiel tandis que les Français, attachés à la notion de service public, acceptaient plus ou moins bien sa transformation en service universel. Pourtant, d'une certaine façon, cela garantissait à la France, le maintien d'un réseau postal avec un minimum de garantie quant à la desserte du territoire. Or, selon une tradition bien française, comme le souligne Christophe Charle, « sans l'accès à un certain nombre de connaissances historiques le citoyen français ne peut pas, à la lettre, participer au débat politique dominant ». Dans ce contexte, le comité ne devait-il pas, en produisant de l'histoire, aider à la compréhension des processus en cours ? Les travaux du comité reflètent-ils les inflexions thématiques de l'histoire ? Dans quelle mesure sont-ils en liaison avec les interrogations sociales de l'époque ?

On constate avant toute chose que l'histoire de la Poste a tardivement été admise sur les territoires des historiens français en regard de ce qui a prévalu pour d'autres secteurs d'activités dans les années 1980 et qui, de fait, avaient au moins investi les territoires de l'histoire économique (électricité, chemins de fer etc.). On pourrait dire que s'est opéré un rattrapage avec la création du comité. Il devint urgent d'en savoir plus sur la Poste qui, en France, est multiséculaire, héritière d'une fonction régalienne, gardienne d'un service public à la française devenu sous l'influence de l'Europe un service universel. Après avoir été une entreprise publique, elle est aujourd'hui une société anonyme. Si le désir d'histoire était et reste réel autour de ces objets, notamment afin de combattre les clichés et les images d'Epinal, la demande sociale indirecte a influencé les premiers travaux du CHP (*cf.* la liste sur le site www.laposte.fr/chp/). Il s'agissait de répondre à une demande non explicite des postiers, en quête d'identité, de liens avec une époque révolue mais qui était fantasmée comme ayant été un « âge d'or ». Dans le même registre, mais davantage formulé, on retrouve la demande d'explicitation des mutations qui étaient à l'œuvre. Il en allait de même pour les influences des commémorations.

On observe également le même phénomène en ce qui concerne les inflexions historiographiques notamment anglophones en histoire sociale ou en histoire du genre. Toutefois des questionnements plus éloignés de la demande sociale ont émergé, grâce aux débats, aux échanges et aux réflexions qui animent la commission scientifique. Il ne pouvait que difficilement en être autrement si le comité voulait trouver sa place dans le paysage académique.

Soulignons que les historiens qui participèrent à cette aventure dès le début et dont un grand nombre se retrouve dans le comité éditorial, eurent à cœur de servir leur discipline et, pour ce faire, imposèrent une approche sur le temps long. La période d'investigation du comité court de l'époque moderne au temps présent sans s'interdire des incursions au Moyen Âge. En outre, selon l'éthique de la profession, il fut établi qu'aucune interférence ne devait se produire entre les membres de la commission scientifique proposant les axes de recherche ou évaluant les programmes soumis par des chercheurs et les représentants de l'entreprise ; point d'honneur que les postiers ont toujours scrupuleusement respecté.

Toutefois, selon un processus de réflexivité, si les postiers n'interviennent ni dans la définition des programmes de recherche, ni sur la méthode et encore moins sur « l'utilité » de telles études, ils questionnent. Or ces interrogations tout comme les échanges avec d'autres disciplines invitées par le CHP telles que le droit, la géographie, les sciences de gestion, la sociologie, l'ethnologie, l'anthropologie, interagissent avec les pratiques de la communauté des historiens. La méthode de l'analyse critique et la capacité de distanciation par rapport à l'objet, propre à l'histoire et aux sciences sociales, permettent de réfléchir sur le passé et contribue à donner ou redonner du sens aux mutations rapides qui caractérisent les sociétés que cette organisation relie grâce à son réseau. Structure nodale mais aussi laboratoire social, la Poste par son histoire et son fort ancrage dans son environnement, est un prétexte pour réfléchir sur la façon dont les sociétés traditionnelles ou contemporaines ont résolu les questions de communication, d'échanges et de maîtrise des territoires, selon des problématiques toujours renouvelées.

On ne saurait aujourd'hui « faire » de l'histoire de façon solitaire, bien au contraire, l'histoire et les sciences sociales résultent d'un travail cumulatif et collectif. C'est ce à quoi le comité s'est employé : accumuler de la connaissance. Aussi, après presque deux décades d'activités, la matière est là, le comité pour l'histoire de La Poste, des territoires, des communications et des sociétés peut donc proposer une partie de ses productions scientifiques pour lancer une collection ouverte tant sur le plan scientifique que géographique. Doctorats, actes de colloques, biographies, témoignages, recherches transdisciplinaires ou thématiques (rédigés en anglais ou en français) – la liste n'est pas limitative – attesteront de la vitalité de ce champ qui reste encore à explorer.

Cette collection a pour ambition d'accueillir outre les travaux traitant spécifiquement des Postes comme « outil/instrument » d'échanges, mais également comme agent de la diplomatie, de la politique, de l'économie, de la culture ou encore de l'aménagement des territoires sans oublier les aspects législatifs et juridiques... Par son objet, cette collection souhaite rassembler des études comparées, aux méthodologies les plus innovantes, aux problématiques les plus vastes. En optant pour une perspective volontairement élargie, cette collection a pour ambition d'accueillir et de faire converger des recherches qui croiseront plusieurs échelles d'analyse pour relier le collectif et l'individuel. Il faut que, loin des modèles, les groupes et les individus retrouvent leur place, que les contradictions et les décalages émergent dans les récits afin que toute la complexité des faits/choses/personnes observés soit restituée.

Il reste un écueil : le tropisme national prévaut encore trop. Pour tenter de sortir ce cadre géographique français trop restreint, la collection accueillera des études traitant d'aires géographiques élargies, en espérant que l'histoire comparée si difficile à mettre en œuvre, aura la part belle.

Muriel Le Roux

Titres parus dans la collection

N° 9 – Sébastien Richez, *Un postier dans la Grande Guerre. Augustin-Alphonse Marty (1862-1940), réformateur de la Poste militaire*, 2017.

N° 8 – Peggy Bette, *Veuves françaises de la Grande Guerre. Itinéraires et combats*, 2017.

N° 7 – Alexandre Tessier (dir.), *La Poste. Servante et actrice des relations internationales (XVIe-XIXe siècle)*, 2016.

N° 6 – Muriel Le Roux et Sébastien Richez (dir.), *Brève histoire de la Poste depuis 1945*, 2016.

N° 5 – Eugène Vaillé, *Histoire des Postes françaises jusqu'en 1939*, 2016.

N° 4 – François Cadilhon, Philippe Chassaigne et Éric Suire (dir.), *Censure et autorités publiques. De l'époque moderne à nos jours*, 2015.

N° 3 – Valérie-Inés de La Ville et Antoine Georget, *Le Père Noël de la Poste. La surprenante histoire de son secrétariat (1962-2012)*, 2014.

N° 2 – Olivia Langlois-Thiel, *Contribution à l'histoire du service public postal : de la Révolution au tournant libéral du second Empire*, 2014.

N° 1 – Muriel Le Roux (ed.), *Post Offices of Europe, 18th-21st Century. A Comparative History*, 2014.

www.peterlang.com